穿越到古希臘過一年

逃奴、新娘、運動員，
八方職人討生活，
親臨古奧運會前的群像日常

菲利浦・馬提札克——著
Philip Matyszak

金瑄桓——譯

A Year in the Life *of* Ancient Greece

The Real Lives of the People Who Lived There

CONTENTS

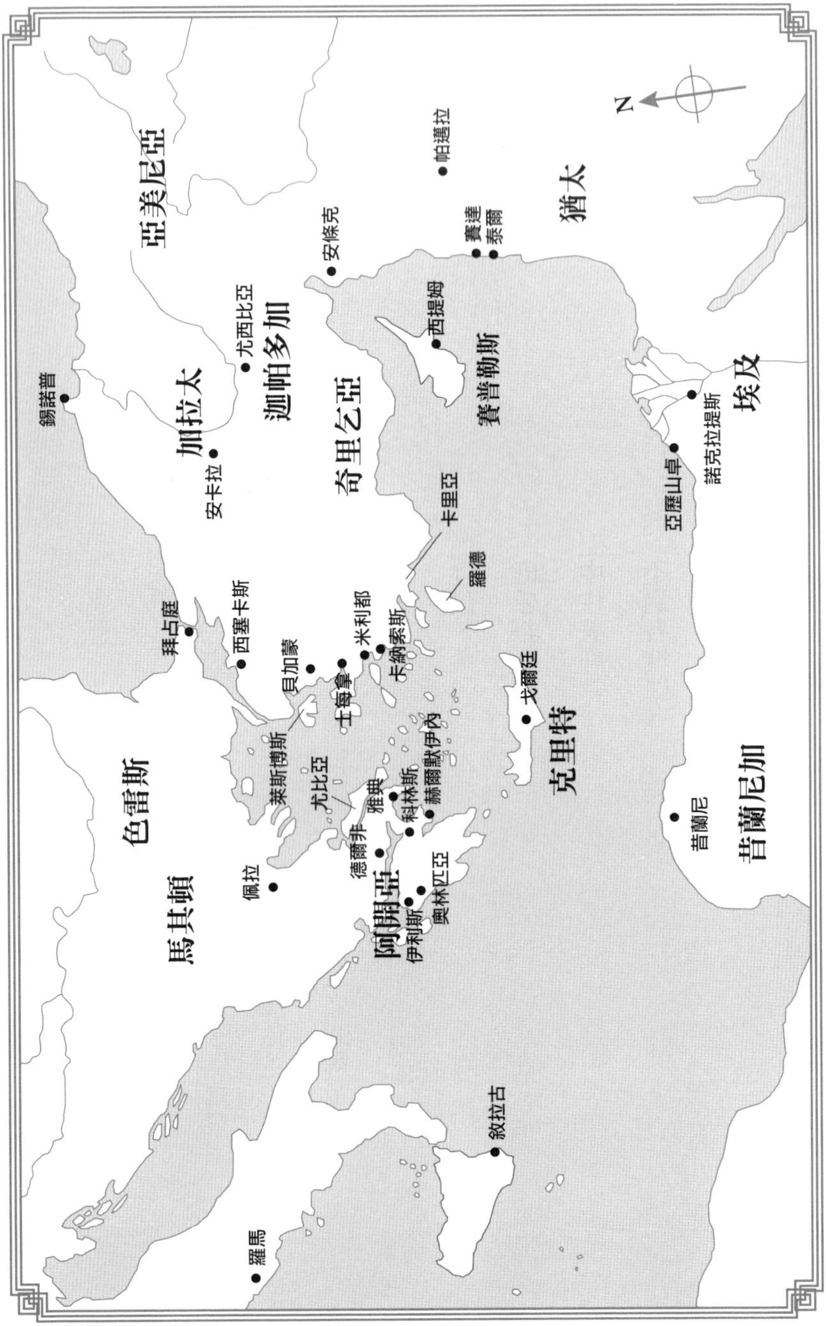
N
亞美尼亞
帕邁拉
猶太
賽達
泰爾
安條克
尤西比亞
迦帕多加
加拉太
錫諾普
安卡拉
西提姆
賽普勒斯
埃及
諾克拉提斯
亞歷山卓
奇里乞亞
卡里亞
羅德
米利都
卡納索斯
拜占庭
西塞卡斯
貝加蒙
士每拿
戈爾廷
克里特
萊斯博斯
尤比亞
雅典
科林斯
赫爾默伊內
色雷斯
馬其頓
佩拉
德爾菲
阿開亞
伊利斯
奧林匹亞
昔蘭尼
昔蘭尼加
敘拉古
羅馬

希臘化時代地圖

引言

西元前二四八年，也就是希臘人的第一三二次奧林匹克週期的第四年。此時希臘半島相較整個希臘化世界（採希臘語母語者居住或由希臘人殖民的地區），僅佔了一小部分，希臘化地區原本因為殖民已有相當規模，但一個世紀以前亞歷山大大帝的崛起，使得希臘化世界在這位馬其頓君主的征戰下變得廣袤無垠，甚至向東延伸到印度地區。

亞歷山大大帝逝世後僅僅過了兩個世代，希臘人便得開始抵禦進犯印度河的印度軍隊以及在地中海西部沿岸引發動亂的西班牙非正規軍。此際埃及的金字塔及大城伊斯坎達爾（相當於現代阿富汗的坎大哈）之中住著許多希臘人，遼闊的希臘化世界不僅無奇不有，也是個危險與機遇併存的地方。不過各地居民仍必須繳稅，每天也都有同樣的瑣事需要完成，因此即便再具有異國情調的地方也很快會趨於平凡。

而生活在祖國外的希臘人即便已離鄉背井也沒有改變習性，他們依然信奉祖先們敬拜的神祇，平時也會去體育場鍛鍊，遇到歷史悠久的儀式活動——奧運會時，各地的希臘人也都會不辭路途辛勞的前去觀禮或參賽。

本書將敘說八位希臘居民的故事，他們各自的處境雖大不相同，但這幾人的生活某種程度均被第一三三次奧林匹亞週期所觸動。書中人物雖是杜撰而出，但他們的生活內容卻非憑空捏造，由於現代考古學早已不是找找雕像放到博物館這麼簡單，考古學家的研究重心已從宮殿探勘轉向至糞土汙泥的科學分析，因此本書每位主角的故事都是依循當代先進考古成果的幫助下完成。

雖然宮殿探勘有機會發現熠熠生輝的珍稀文物，但真正的寶藏事實上藏在古蹟的垃圾堆和汙土之中，因為考古學家能從這些地方發現希臘人民真實生活的蛛絲馬跡，我們也就此得以深入了解那些向國王繳稅或是因軍隊而犧牲的平民百姓，而不只是將目光停留在修昔底德和波利比烏斯歷史著述中的那些君主和將領的故事。當代考古學家對古代建築知識的掌握，已經到了透過研究地基就可以重建出一整棟建築的程度；而考古學界目前對古希臘平民生活的了解，也足以允許我們在社會科學領域依樣畫葫蘆，依照古文物中提供的線索再現古希臘人生活的真面目。

我撰寫本書的目的，就是想要重現西元前二四八年的希臘化世界樣貌以及當中平民百姓的日常生活。埃及的希臘人此際正在亞歷山卓城建造亞歷山大圖書館和亞歷山大燈塔，而希臘化世界各地蓬勃發展的的科學、哲學及文學也推動著文化素養的提升。雖然和漫長的歷史長河相比，希臘化居民在埃及、敘利亞和黎凡特駐留的時間可說是轉瞬即逝，但在當時的希臘人眼中這座嶄新廣袤的世界似乎永遠不會改變。本書即致力於再現當時的生活型態。

編年史兩三事

修昔底德撰寫史詩《伯羅奔尼撒戰爭史》之際發現自己遇到一些時間問題，不過當時流亡在外的他也別無要事，所以他的煩惱並非來自缺乏著述的時間，而是時間的經過難以準確描寫。

這個問題在現代的西方世界很容易就能解決，因為西元曆法是從一個確切的日期開始起算，也就是人們所認為（雖然有所偏誤）耶穌誕生的當天，而每個年度均從一月一日開始，且每個月份的天數不論在哪個西方文明也全部相同，周末也一定會從一個星期的第六天開始。這樣一來若想選定某個星期四作為基準，不論使用英文、德文、或是義大利文來表達，都能夠順利在同一個月份找到同一個星期四。

然而古希臘的編年系統可說是雜亂無章，各地曆法的起算日從城市建立的紀念日、某個傳說的發生時點，乃至某個偉大君主的登基之日不一而足。通常每個地方都會將各個年度以國王或執政官的名諱冠上不同的年號，且每年第一天的時點也大不相同，有些地方喜歡以秋分開啟新的一年，亦有城邦以新春的六個月後做為新年的起點，也有地方則會選定某個宗教節日當作年度的開端。不過似乎還沒有亂槍打鳥般選擇如冬至後十天一般隨機的日子作為新年起點之例，畢竟這樣可就真的一點邏輯都沒有了。

姑且不論各地的一年從何時開始，古希臘每年中各個月份的天數不僅不一致，甚至還可以任意變動，如果城市的市政官員認為公民曆中某個月需辦理的事項過多，就會從其他月份借用十天左右的時間。但凡有些理智的房東都不會依照這樣曆法來計算租賃期間，所以古希臘的租金往往是按照陰曆計算，造成光是在雅典就有陰曆、宗教曆、公民曆和陽曆適用時互相衝突的問題。

安提基特拉儀

為了在眾多曆法中理出頭緒並確認實際年份，本書採用與希臘人相同方法來解決問題。試想你是個來自科林斯的商人，且此時你欲從小亞細亞的撒狄地區經銷商手上購買絲綢，而出於調節交易當事人之間相異曆法的目的，你很可能會決定使用世界上第一台類比計算機——安提基特拉儀。

無論商人目前身處何方，只要選定月相、月亮升起的時間、以及指定的星座位置，就能能夠利用安提基特拉儀確定科林斯的確切日期，然後再以該日期與所在地的曆法進行比較，接著將儀器中的科林斯日期向後計算至交易當日，便能夠藉此推算出正確的當地交貨時間。而日蝕或類似天文現象的發生時點，以及如奧林匹克運動會及皮提亞運動會這樣重大的運動賽事，都可以透過上述方式來確認時間。

一九〇一年，人們在希臘和克里特島之間的安提基特拉島上的沈船殘骸中發現一個儀器，我們就此得知希臘人使用安提基特拉儀的歷史。由於這個儀器的功能就是要替希臘化時代雜亂無章的曆法設下基準，所以本書自然也該遵循儀器的日期系統，以柯林斯曆法來表示所有日期。

如同舉辦奧運會的伯羅奔尼撒小國伊利斯一樣，科林斯曆法的年度從秋分開始起算。秋天在寒冷的北方地區代表一年的終結，但是在希臘地區則代表乾燥炎熱且荒蕪的夏季終了，而且秋季亦為第一個雨季的開端，因而象徵萬象更新的時節。

序章

伊利斯的希拉神殿因大雨從頂部溢流而下的雨水變得稀稀落落，門廊處躲雨的人們各奔東西，神殿管理員看著人群散去，心中充滿遺憾，因為他對這群人有諸多猜想，但現在他卻無法證實自己想法是否正確。目前身處伊利斯的人群顯然是為奧運而來的訪客，但隨著奧運結束，原先擠滿整座城的觀眾也漸漸散去。一位精瘦的青年慌張的在門廊前的柱子間不斷踱步，體型精實如運動健將的他很可能是位賽跑選手，而同行的長者如無意外應該就是他的教練。不過這都只是些簡單猜測，如門廊角落的小家庭，從服裝和口音就能大概推測出他們是土生土長的伊利斯人，且當中裹著斗篷顫抖的女子與給她斗篷的男子應該是夫妻，在小倆口身旁忙前忙後的矮壯女子應該就是家族中的母親了。

不過那個健壯的光頭男人怎麼一來就開始檢查神殿正面的結構，而且接下來睜大眼睛盯著神殿，彷彿神殿建築和他有深仇大恨？還有某個女孩正殷勤照顧一位身穿華服的憔悴老人，脖子上有野馬刺青的她究竟是老人的奴隸、情婦還是看護呢？

一位氣宇不凡的男子操著刺耳的馬其頓口音從雨中匆匆出現，身後緊跟著三個奴僕和方才那位運動員，他喝令神殿管理員替他拿把椅子來，好似他就是這座神殿的主人一般，這名管理員由於曾有服侍權貴顯要的經驗，所以趕忙前去完成命令。男子因雨駐留門廊的大部份時間都與某個獨身一人的女子交談著，女子儘管渾身濕透，她小心翼翼揣在懷裡的皮箱卻沒什麼淋到雨，這名舉手投足都充滿自信的女子雖然面容姣好，卻少了交際花通常會有的嫵媚，或許她是個音樂家也說不定。

神殿管理員搖搖頭，繼續觀察著這群因躲避暴風雨而齊聚一堂的人們，他們究竟從哪裡來，又是在怎樣奇特的因緣際會下，全都剛好在大雨的午後來到神殿的門廊避雨？管理員只能聳聳肩，因為隨著這群人紛紛離去，這些問題的答案也變得無從得知。不過神殿中的祂倘若願意暫時賦予管理員全知全能的力量，管理員就能夠一一看見這群人的生命故事，而這些故事尚須從一年前開始說起……

第1章

十月——啟

ΦΟΙΝΙΚΑΙΟΣ ΑΡΧΕΣ

農民

某個晴朗的秋天清晨，伊菲塔和往常一樣，天還沒亮就起了床。居住在希臘南部伯羅奔尼撒半島上（Peloponnesian）伊利斯（Elis）的她是一位農婦，也因此伊菲塔總是依循著四季的更迭和月亮的陰晴圓缺生活，並不在意官方所定的月份以及年份，畢竟一個月的長短會因為議會的決議而有所不同，甚至連鄰近的阿卡迪亞都無法遵守伊利斯的曆法，伊菲塔又有什麼好在意的呢？

此時此刻，昴宿星團的位置與地面相接，並在黎明漸強的光線中一點一點的沒入地平線。昴宿星團的消失也意味著又一年農忙的開始，伊菲塔依著燈光研讀手上的捲軸，思索著冬季作物的下一步。希臘的夏季既乾燥又炎熱，作物無法生長，所以初秋時農民們會檢查種子的庫存量，並根據他們對冬季氣候的預測，大膽放手一搏。如果偉大的天神宙斯和穀物女神狄蜜特（Demeter）大發慈悲，使秋雨豐沛無虞，農民可能就會考慮種植二粒小麥或是小米，然而若接下來的冬天氣候乾燥，那麼種植大麥或是不需要太多水分的作物才是明智之舉。

伊菲塔的農地大部分位於阿爾菲奧斯河旁（Alpheus），因此在她眼中雨水僅是灌溉用水的一部分來源，此時此刻她最在意的並不是冬天的降雨量，而是十二個月後眼前的景象如何，她預計這片土地到時候會湧入大批人潮，如同一種生長期短暫但極具經濟價值的作物一般。

無論議會為這一年冠上什麼深奧難懂的名字，對伊菲塔來說今年就是第一三二屆奧林匹亞週期的最後一年，再過十二個月，第一三三屆的奧林匹克賽事將在伊菲塔家園旁的轄區盛大展開，克諾洛斯山坐鎮於該區北方，山腳下的阿爾提斯聖地便是奧運會的舉辦場地，再往南則是伊菲塔的土地，伊菲塔的家族世世代代都為前來觀賞奧林匹克運動會的遊客服務，並藉此累積大筆財富。過去兩年，伊菲塔的土地出產了大量的小麥，但伊菲塔深知這是因為土地吸收了穀物女神狄蜜特的日月精華所致，然而反覆播種將會耗盡女神的精華，最後勢必什麼都種不出來，所以伊菲塔總會休耕一年，給這片土地恢復能量的時間。但在明年秋播之前，就會有大約三百頂帳篷和一百間茅廁出現在這片土地上，而這不禁令伊菲塔暗自竊喜，因為那些停留在她土地上且不守規矩的人們，不僅會在活動結束前為這片土地徹底施肥，還得為自己的行為給付賠償金給伊菲塔。

伊菲塔無法在即將到來的冬天裡種植小麥，幸好也沒有這個必要，因為伊菲塔開始在腦子裡劃分土地，規劃每個工人所負責的區域，並考量何時要帶她那些寶貝牛隻去翻攪土壤。伊菲塔今年決定種植豆類，她將在田裡撒下扁豆、鷹嘴豆和蠶豆，並將其分門別類放置於不同苗床，倘若日後雨量不足，伊菲塔就會使用阿爾菲奧斯河水澆灌田地。農民早就知道只有穀物會消耗狄蜜特女神的精華，如果改種植豆類就不會像種植小麥或大麥那樣消耗土地的能量。

如果當地祭司在秋祭時求得好兆頭，伊菲塔在收到祭司的消息後就會告訴工人趕緊在下一次滿月後開始翻土，並在大雨後立刻撒下種子。月亮歷經三次盈虧鷹嘴豆和蠶豆

希臘的播種時機

每位農民的農忙時節都是由種植的作物和播種的土地所決定，很少有田地能一年收穫兩種作物，而如果計畫種植一年兩獲的作物，農民就必須確保有充足的水源來灌溉土地，才能度過漫長且乾燥的夏季。因此，大多數的農民會從秋雨落下之時開始一年的農務。當時農民的工具大多都很簡陋，所以播種前需要等待雨水軟化土壤，否則在豔陽高照的夏日鋤著硬梆梆的土地可是一件大工程，且由於深耕技術直到中世紀才會出現，所以農民一般都只能劃破土壤表層而不能徹底的翻土整地。穀物一般都在六、七月收割與加工，橄欖、無花果和其他水果則在初秋收割，再加上秋天也可以收穫葡萄，所以農民可以在辛苦耕作一天後，喝上一杯新鮮的葡萄酒。

便會成熟，如果氣候夠涼爽，就可以在十天之後一併收割扁豆，收成後的豆類會擺在穀倉的籃子裡晾乾，接著伊菲塔就會將黃瓜、洋蔥、大蒜種進土裡，因為這時的土壤在種植過豆類後已經恢復能量了。

伊菲塔通常會將葉菜類保留給自己和工人吃，由於伊利斯的道路崎嶇不平，因此很難在這些脆弱的作物腐爛前將其運送到市集，不過奧運年不用特別運送，許多飢餓的選手和遊客便會蜂擁而至，並將伊菲塔出售農作物的小攤位團團圍住。

奧運會期間伊菲塔不但需要將牲畜轉移到臨近的農場，她的工人們還必須在果園裡巡邏並提防小偷（以及濃情蜜意的愛侶們），而且這些喧囂和混亂還會持續整整兩週，不過待人群散去，破碎的陶器和碎片都清理乾淨後，銀幣清脆的撞擊聲將迴盪在克洛諾斯山的陰影之下，因為伊菲塔藉著這次盛會賺的盆滿缽滿，還暗自忖度著自己能從稅務官那裡逃掉多少稅金。

清晨時分，工人聆聽工頭的指示在外頭的農田裡集合，人群悉悉簌簌的聲音和狗吠的聲音交雜不清。十年前伊菲塔的丈夫過世時，大部分的人都以為他們家的農務也會因此荒廢，因為伊菲塔和丈夫只生了一個孩子，一個又胖又懶的兒子，所以沒人指望這個年輕人能挺過這辛勞的農務工作。

如今這個孩子住在伊利斯城，將時間與精力奉獻在彈琴以及伊比鳩魯派的哲學上。雖然他是莊園名義上的主人，但實際上他卻完全不敢違抗嚴母的命令。伊菲塔打從丈夫過世開始就是農地的最高負責人，而她早在當時就已證明自己有能力精通丈夫的農業技術。

現在她和經驗老道的工頭一起用鐵腕治理著這片農地，而她兒子唯一的工作就是結婚生子來傳承家族的血脈，然而這名獨子到目前為止都失敗得一塌糊塗。伊菲塔起身並將捲軸推到一旁，暗自決定下次見面時就要和兒子好好談一談這件事。

使節

唯有來訪馬其頓王國的賓客足夠有權有勢，才能獲邀坐在長沙發椅上啜飲來自瓦達爾河谷（Axios river）頂級葡萄酒的禮遇，而國王的親信——西提姆的珀色烏斯（Persaeus of Citium）則會在這段期間嚴謹且不失禮節地評斷賓客們的利用價值。移居馬其頓的珀色烏斯是一名斯多噶學派哲學家，同時也是經驗老道的宮廷侍臣以及能言善道的政權擁護者。

從珀色烏斯看來，很少有人比馬其頓人遭受更多誤會及不平等待遇，與南希臘人形成對比。珀色烏斯認為馬其頓人即是所謂的「北希臘人」，而且他和大部分馬其頓人一樣，一旦聽到任何認為馬其頓人比雅典人不具希臘傳統的言論，就會義憤填膺。南希臘人之所以能安然度日，根本全都是靠著馬其頓人犧牲流血，因為馬其頓王國就像一面堅硬的盾，橫亙於軟弱縱情的南希臘人以及狂野的北境蠻族之間。

每位馬其頓人一生都曾經至少經歷過一次徵兵，他們舉起刀劍保衛群山環繞的家園，且於抵禦多瑙河彼岸入侵者的同時，尚須提防東西兩側的勢力進犯。當馬其頓奮力抵禦蠻族侵略時，南希臘人又是如何回報他們的犧牲奉獻呢？他們鄙視馬其頓人，稱其為雜種或半野蠻人，一位來自雅典的演說家甚至稱他們為「不足以擔任奴隸的低下人種」。話出不久，這群所謂卑賤的馬其頓人就令雅典俯首稱臣，並從此給雅典城戴上了使他們懷恨在心的手鐐腳銬。

全能的亞歷山大大帝是全希臘最偉大的男人，正是他消滅了波斯帝國的威脅，一勞永逸解決好幾個世代以來不斷妨礙希臘政治獨立的因子；也正是馬其頓的亞歷山大，才能將幅員遼闊的波斯帝國納入希臘版圖，領土得以西至地中海岸、東至荒蕪的戈壁沙漠。

倘若你認為波斯滅亡會為馬其頓與南希臘帶來和平，那你就錯了。亞歷山大死後，他的部下紛紛繼承他的領地。馬其頓也不得安寧，繼波斯之後，主要的威脅就是統治帝國各地的希臘同袍。幸運的是，亞歷山大政權下大部分的領地都由一位和善的國王統領，那就是塞琉卡斯王朝的安條哥二世（Antiochus II of Seleucia），而珀色烏斯的職責就是確保馬其頓與塞琉卡斯王朝保持友好關係。

然而，儘管埃及同樣隸屬於亞歷山大帝國，馬其頓與埃及的統治者托勒密二世（Ptolemy II）關係就不怎麼友好了。珀色烏斯是一位敬業的外交使節，並恪遵斯多噶學派的原則，因此每當有人提到令人煩躁的托勒密二世時，他都竭盡所能壓抑自己的聲音，保持冷靜中立，但就算是外行人也能看出珀色烏斯的臉頰微微漲紫，他緊握酒杯的指節也逐漸失去血色。

實不相瞞，托勒密實在是非常討人厭，而這已經是相當含蓄的說法了，珀色烏斯私底下都用更加難以啟齒的惡言惡語形容他。馬其頓和埃及曾經爆發過數次場面火爆的衝突，依現況看來，不遠的將來又有更多戰爭等著他們，而問題的核心正是希臘，因為自從亞歷山大大帝一世紀以前「接管」希臘之後，希臘一直處於馬其頓的霸權統治之下。（當珀色烏斯及其他馬其頓大臣聽聞「征服」這個無禮的字眼時，都會不失禮貌地皺起眉頭

托勒密二世（西元前 284 至 246 年）

亞歷山大大帝死後，其麾下一位名叫托勒密的將軍火速前往埃及，因為托勒密知道其他的將領們會為了統治權把帝國撕得四分五裂，而他也清楚知道自己想要的是埃及這塊大餅。埃及於西元前 322 年落入亞歷山大手中，但托勒密並不打算將之轉化為馬其頓邦國，而是計畫奪取法老之位，站上埃及政治及信仰金字塔的頂端。自此之後，埃及即由尼羅河三角洲（Nile delta）上極度希臘化的亞歷山卓城（Alexndria）、少部分的希臘殖民地，以及剩下繼續過著傳統生活的地區組成。

托勒密多次發起對帝國邊疆塞琉卡斯王朝的戰爭，並竭力誘使希臘脫離馬其頓的統治。西元前 246 年托勒密逝世，整個希臘化世界都鬆了一口氣。托勒密的兒子與父親同名，並娶了自己的親姊姊為妻，因此有「愛手足者」（Philadelphus）的名號。托勒密二世將亞歷山卓發展成希臘化文化的重鎮，並效仿父親的精神，不辭辛勞地在其他希臘化君主統治的國度搞破壞。

以示抗議，因為希臘人本是同根生，豈可互相征服？）

由馬其頓統治希臘有個優點，那就是希臘各城邦之間不再像上個世紀一樣永無止盡地互相爭鬥。然而，馬其頓統治的缺點就是各城邦開始發動永遠鎮壓不完的小型動亂，每當雅典才剛因為自視甚高而被教訓一番，斯巴達就立刻接棒革命，阿卡迪亞則隨侍在後。各城邦群起效尤，如沒有盡頭的打地鼠遊戲一般，只不過馬其頓此際面對的是重裝步兵。

仔細探究這些反抗事件的起因，真相很快變得明朗，托勒密派出的臥底早已滲透希臘全境，他們到處挑撥離間，倚仗著埃及深不見底的國庫，承諾為反抗軍提供外交協助、資金、武器以及黃金。當南希臘國民們追憶起馬其頓強權統治前的「黃金時期」，他們就會沈浸在虛假的美好回憶中，不禁開始認為一旦馬其頓失去統治權，就能夠重返屬於伯里克里斯（Pericles）、蘇格拉底、尤里比底斯（Euripides）等偉人的光榮時期。

托勒密不久前才向雅典人承諾自由，並成功鼓吹他們揭竿起義，但當義憤填膺的馬其頓揮軍南下時，托勒密毫不遲疑地拋棄他原本苦心巴結的雅典市民，讓雅典人自生自滅。然而，現在奧林匹克運動會將至，珀色烏斯非常肯定托勒密的特派間諜正伺機而動，他們全都正伺機混入這場運動盛事中，鼓動不滿的情緒、製造分裂和歧異，並將整個希臘轉變為革命的溫床。

整個奧運會唯一的好處大概就是珀色烏斯必須親自去一趟現場，只要他在現場，就能施展外交手腕扳回偏差的民意，他只需東賄賂一點、西威脅一些就能達成目標，反正最糟的情況也就只是精心策劃一場偽裝成標槍事故的暗殺行動。總而言之，遠道前往這次奧運會的投資報酬率頗高，因為他能夠在革命之火大肆延燒前將之撲滅。除此之外，這也是他親身體驗奧運精彩盛事的絕佳藉口。

女奴

瑟拉塔出門前就已經預見回來時會遭到一頓毒打，她鬱悶地把舌頭伸進下排牙齦前的空間，那是雅典人放零錢的地方，當時雅典的零錢體積非常小，靠在瑟拉塔下排牙齒的兩枚奧波勒斯幣都只有麥子大小。這麼小的硬幣很容易遺失，且瑟拉塔所獲本就少之又少，所以她總會先把硬幣小心存放在嘴裡，等到交易時再把奧波勒斯謹慎地吐進商家的錢盤。她已經有許多次採買的經驗，但今天她卻罕見地向神靈祈禱，希望這是她最後一次做這件苦差事。

就算瑟拉塔是到凱拉米科斯（Keremeikos）附近不起眼的小市集採買，並懇求菜販將放了一周的枯萎蔬菜便宜賣給自己，但女奴仍深知她頂多只能買齊一家隔天要吃的食物，且屋裡的女主人又會因為採買的份量不足而懲罰她，甚至還會因為食物不夠新鮮而罰上加罰。

瑟拉塔非常清楚，其實女主人的丈夫所支付的家務費完全夠用，她的男主人每隔十天就會把錢給他的妻子，換算下來每日購買生鮮雜貨的預算有半個德拉克馬。不過因為男主人鮮少造訪屋內女性成員的房間，所以女主人藏了一個存錢用的小花瓶，花瓶裝滿了硬幣，全都是今年女主人一點一點苛扣家務費積攢而來。如果男主人對晚餐有任何不滿，往往是瑟拉塔得為了女主人的吝嗇受苦，也正因為如此，瑟拉塔才虔誠請求諸神庇護，讓她在今天過後可以不再挨打。

不過今晚瑟拉塔還是會因織布品質太差再次遭主人毒打，瑟拉塔和當時所有的女性家奴一樣，需要花上大把的時間在織布機前工作。儘管她獲得的預算只買得起最便宜的羊毛，不僅單薄，且充滿毛刺，還沾滿羊的尿液和排泄物，但瑟拉塔的主人們仍要求她得織出最上等的服飾。瑟拉塔今天早上本可以將這些劣質的羊毛編成捆捆毛線，但是女主人卻在中途蠻橫的叫她出去採買，所以瑟拉塔不得不放下手邊的羊毛，並工作到深夜才能趕上當日的進度，隔天早上她還會因為浪費桌燈的燃油而受罰。瑟拉塔有時認為女主人根本只是找理由來鞭打她，因為這些「卡索」就是喜歡毆打僕人。

瑟拉塔試著伸展一下肩膀，感受皮膚拉扯著背上的結痂。她有次從村里的自流井提水回屋時不甚弄破結痂，一個鄰居在瑟拉塔回家時發現她的外衣染血，並憂心忡忡的向瑟拉塔的女主人詢問此事，這起事件在屋內掀起波瀾，因為若有凌虐奴隸的情事發生，任何雅典人都可以提起告訴。然而瑟拉塔那天晚上依然遭到一頓鞭打，只是為了避免讓瑟拉塔背上的傷勢更加引人注目，所以鞭打的部位改成大腿後側。

由於雅典的奴隸數量遠超自由公民，因此雅典法律保護奴隸的原因並不是為了他們的福祉著想，而是害怕眾多受到虐待的奴隸揭竿起義。嚴格來說，瑟拉塔在她主人的眼中不過是種貨品或財產，如同一隻雙腳行走（通常是四隻腳）的類人猿。瑟拉塔主人是一群建築奴工的領班，買下四百五十德拉克馬的瑟拉塔花了主人將近八個月的收入。通常大多數主人都對家奴不錯，因為這些奴隸是可靠的家用勞力，但是當然也有例外。

狹窄的街道上人滿為患，瘦的像皮包骨的瑟拉塔在人群中舉步維艱，她不禁想著身旁互相推搡的人群中有多少人像她一樣是有著傷痕的奴隸。雅典的奴隸身上不會有任何顯眼的標記或特殊的服飾，所以自由人和奴隸通常很難從外觀分辨，不過瑟拉塔的身分卻非常明顯，因為她和雅典的所有婦女一樣，都將頭髮向後紮起簡單的髮髻，露出了她身上一路從鎖骨延伸到脖子的野馬刺青。

這個紋身毫無疑問出自一位色雷斯的藝術家，而且還是他為村長女兒親手設計的得意之作。瑟拉塔來自馬其頓東部的色雷斯城邦，並生在一個坐落於斯特魯馬河畔的村子，她曾是村長的小女兒，此前甚至連希臘人都沒聽過，然而瑟拉塔十二歲的某一天，村子裡突然出現了一大群陌生男子，他們身穿白色的亞麻製鎧甲，無情地揮舞著手中的劍和長棍，村民一個接著一個喪命。村長自然成了這場侵略的第一個受害者，瑟拉塔還記得父親沒在塵土中的破碎屍體，一群村中的餓狗圍著屍體打轉。

瑟拉塔在薩索斯島（Thasos）被迫與她的母親分開後被運送到提洛島（Delos），隨後她和一大批奴隸一起被當地的批發商買下，並準備轉售到雅典。她到提洛島時不僅沒了父母，連自己的名字也一併失去，因為她的新主人看她是色雷斯人便稱她為「瑟拉塔」。以文明人自詡的雅典人不會紋身，所以瑟拉塔身上的野馬刺青也從她引以為傲的族群象徵變成野蠻人的印記，成了她天生就該為人奴僕的標誌。

十六歲的瑟拉塔昨晚夢見了她在色雷斯的家鄉——鬱鬱蔥蔥的河岸伴著寬闊的河流，還有灰色山脈聳立北方，山頂終年白雪靄靄，牧場上羊隻三兩成群，天空中有送子鳥正在遷徙，預示著冬天的到來——突然，睡在小閣樓裡的瑟拉塔被排泄物的臭味驚醒，這股惡臭來自流經她主人家專門供廢水排放的厄里安諾斯河，她在黎明前滿是疲憊的起床檢查酸麵團，並準備在晚上的時候將這些麵團烤製成麵包。

即便瑟拉塔在主人眼裡只是一種工具或財產，但她與堆放在院子中簡陋房舍裡的掃帚和拖把不同，她可是個能思能想的人。瑟拉塔不僅嚮往自由，並默默努力實現夢想。

瑟拉塔知道許多人都會釋放家奴，但是她也知道這家人不可能釋放自己，反而比較可能將自己打死或活活累死。不過凱拉米科斯的老菜農安吉提斯不僅曾經是個奴隸還是個色雷斯人，瑟拉塔平常去市場都會造訪他的攤位，安吉提斯對瑟拉塔遭受的待遇感到憤慨，有時還會讓瑟拉塔免費帶走一些賣不出去的品項（瑟拉塔希望今天也是如此），還會替瑟拉塔將女主人給她的兩枚奧波勒斯收起，安吉提斯為了幫助自己這位年輕朋友，已經暗中用這種方式幫她存了好些硬幣。

瑟拉塔算了算，自己總共需要兩百枚奧波勒斯。安吉提斯總共已經替她存下七十枚，由於瑟拉塔總是得在錢不夠的情況下出門採買，她推算女主人那邊應該有一百二十枚。

儘管瑟拉塔一直以來都有逃跑的打算，不過總是沒有一個具體的計畫，然而現在她的想法很可能成真，但卻是風險重重。瑟拉塔昨天偶然在魚市結識一個船最近被一場風暴往西颳到雅典的漁夫，兩人相談甚歡。由於現在正是藍魚的遷徙季節，藍魚會從博斯普魯斯海峽沿小亞細亞海岸向南遷移，途中將經過漁夫的母港哈利卡納索斯（Halicarnassus），因此漁夫和船員們決定一修好船便馬上出海繼續捕撈藍魚。

漁民們在修繕船隻後急需用錢，只要瑟拉塔願意支付一百奧波勒斯幣，他們便會放下顧慮帶著瑟拉塔一起回到哈利卡納索斯。不過為了要跟上潮水的周期，漁民們明天凌晨就會動身，因為隨著季節開始交替，愛琴海已經開始出現許多危險的風暴，所以漁民們的小船如果不在明天出航，很可能之後就完全無法離港了。因此當時在魚市的瑟拉塔年紀輕輕就不得不面對生命中最重大的抉擇，而她對自己感到自豪，因為她毫不猶豫便做出選擇。

瑟拉塔決定等等採買時去找安吉提斯拿走她的硬幣，下午主人應該會鞭打她，在那之後瑟拉塔會在夜深人靜之際從屋裡溜出來，走上一大段路後抵達停泊漁船的比雷埃夫斯港。瑟拉塔當然知道此行充滿危險，漁民們很有可能直接將她姦殺，並在靠岸前將她的屍體扔進海裡。儘管如此，瑟拉塔還是覺得自己必須抓住這個機會，斯多噶學派的哲學家們有言，相信自己會一直為奴的人才是真正的奴隸，倘若自己如果明天就會死，至少她也要以自由的身分死去。哦，對了，女主人那個存滿硬幣的小花瓶也要一併帶上，瑟拉塔覺得這些理應是她的錢，讓這些硬幣吹吹新鮮的海風也不錯。

短跑選手

拿波里的西米洛斯已有將近十年未回家，畢竟他的家鄉不僅危機四伏且無利可圖。他並非是遭通緝，而恰恰相反，他可算得上是拿波里的驕子，不論何日，他若返鄉，必會受到英雄式的迎接，凱旋回歸的障礙其實全都在西米洛斯位於義大利西岸的家鄉。拿波里是古希臘的一部分，和敘拉古（Syracuse）或以弗所（Ephesus）一樣，但拿波里是古希臘在蠻荒之地上的一塊殖民地，而過去的二十年間，最為強勢的蠻族——羅馬人似乎與北非、西西里和古迦太基（Carthaginians）的腓尼基蠻族陷入一場無止境的戰爭中。

就古希臘人的觀點（古希臘人視所有非我族類為蠻族），羅馬人和迦太基人基最好是能和平解決分歧，或是相互殘殺至一方滅絕，世界才得以回歸平靜，然而這兩種情況皆不可能馬上實現。這兩個城邦之所以如此憎恨彼此其一是基於他們非常相像，羅馬人和古迦太基人均徒具文明的外衣，卻沒有相應的明智。多數希臘城邦歷經幾季激昂的戰事後，便會回歸友好，和平解決問題，但羅馬人和古迦太基人生來都有某種固執，雙方都不願承認戰爭持續的時間已超出理智，經過多年不間斷的殺戮，這場鬥爭已經成了消耗戰，非要戰到最後一兵一卒、殺到你死我亡不可。

如今，羅馬的長期抗戰已延燒至西西里周圍的海域，就算敵軍的船艦沒有前來偵查，並肆意搜刮商人們的貨船，該處的凶險仍是讓旅人望之卻步，因為即便商人遇上友軍的船艦，船員也會被強制徵用，為軍艦划槳（兩國都極缺槳手）；就算是屬於中立國的貨船，船員也可能被俘虜或遭殺害，兩國藉此以儆效尤，警告他國勿與敵方貿易。

正因如此，如若年輕運動員西米洛斯想要回到拿波里，可能就得做好轉換職涯跑道的準備，或許他會就此成為羅馬軍艦上的槳手，也可能淪為突尼斯橄欖園做工的奴隸，西米洛斯理所當然想好好地當一名運動選手。

西米洛斯可算得上是哲學的愛好者，他時常會思考自己人不在拿波里時，鄉里給與他的榮華富貴在其他地方是否就不具意義了。制定法律的官員結合法律知識、強悍與正義，形塑出社會所依循的規則；士兵能保護人民免於危難；醫生在災疫大流行期間四處奔走，他們都有造福人類的能力，而西米洛斯只會跑步，還只能短距離衝刺，他是奧運級的短跑選手。

實際上，西米洛斯應該是世界上跑得最快的男人，他所參與的競賽項目名為「斯塔德賽跑」（stadion），「斯塔德」是專為雙輪戰車設計的跑道，而「斯塔德賽跑」便是於該種賽道上進行的約兩百米短跑賽（比賽跑行的距離長短會因賽道而異）。西米洛斯是這類奧運短跑賽的冠軍，且贏遍近來托勒密（Ptolemeia）王國的所舉辦的大小賽事，據托勒密二世宮內的諂媚之言，這些大小賽事全是法老為紀念已故的父親托勒密一世所辦，其排場及名聲早遠超奧運，托勒密二世也堅稱他舉辦的賽事與奧運等級相同，並要求賽事冠軍的家鄉應比照奧運辦理，給與勝利者最高的殊榮。

起初，所謂最高殊榮指的就是錢財，應有盡有，包括在市集立的雕像、城鎮中心提供的終生免費餐點，最後可能還會有一筆不錯的養老金，總而言之，就是選手夢寐以求的財富與名聲，希臘的運動員們全都趨之若鶩。其實業餘選手也能僅憑對運動的熱愛參與競賽，然而西米洛斯從未有過這樣的想法，他就是位運動員，而古希臘文中的運動員一詞本就意指「為贏得獎項而參賽」，即便是傳說中的運動賽事，希臘人圍困特洛伊城之際，也會為鐵像、馬匹與女俘等獎品抽空參賽，畢竟不論是最卑微的木匠，還是最有權有勢的將領，全都是為五斗米折腰，更何談最努力且犧牲最多的運動員呢？

西米洛斯光顧一位昔蘭尼（Cyrene）贊助人的家，但與此同時他思考的是自己的下一步。贊助人是一名有錢的貴族，他非常高興自己能向來客們炫耀西米洛斯的到訪，而非只是顯擺得獎的種馬或是昂貴的藝術品，作為交換，西米洛斯和他的教練則可獲得免費的食宿，並且時時可以使用昔蘭尼的體育場。

西米洛斯思索的並非是參與奧運與否，因為不論是他本人，抑或是其他人，都認為參賽是理所當然，縈繞在他心頭的是該如何做最好的準備，畢竟訓練的花費也無須西米洛斯掛心，拿波里早已傳來訊息，表明家鄉會贊助他訓練的一切花費，舉凡他所需的教練、營養師、按摩師薪水也一併包辦。並非是要對托勒密二世有所不敬，但托勒密舉辦的類奧運賽事根本與奧運沒法比，奧運冠軍能帶給家鄉榮耀絕對是千百倍，拿波里已決心要為這榮耀好好投資。

許多城邦都會打破城牆迎接返鄉的奧運冠軍，以免走一般的門有辱冠軍身價，而這僅是為五項全能等較不重要的比賽所立下的規矩。奧運中最歷史悠久且最舉足輕重的賽事正是「斯塔德賽跑」，也正是西米洛斯專精的項目。該競賽項目的地位之高，後世都竟會以「斯塔德賽跑」的冠軍名字指稱當屆比賽的那五年，也就是四年的準備期加上辦理比賽的那一年。拿波里已經準備好，無論付出多少代價，都要為這五年冠上「拿波里西米洛斯」的稱號。

當然款待西米洛斯的貴族更希望這位明星選手一邊好好享受昔蘭尼溫和的海風，一邊慢慢調適至奧運訓練的作習，但這大概難以成真，因為短跑選手無時無刻在與自己競賽，唯有正式比賽中的種種才有可能對他產生些微影響，西米洛斯深知這一點，其他頂尖的短跑選手也是如此，每位選手此時此刻必定皆如西米洛斯般，盤算著接下來何去何從、要參加哪場賽事、會遇到那些對手？

顯然，西米洛斯和其他選手都會積極在奧運會前的預賽中觀察彼此的狀況，沒有人希望在預賽就達到巔峰，卻在大賽時失常，同時選手們也不會因某人的狀況不好就信心大增。賽跑時常會磕磕碰碰，且奧運級別的選手特別好勝，容易為了爭勝而在無意義的小比賽中用力過猛，只有觀察對手才能取得其中平衡。

然而西米洛斯本月卻受邀至克里特（Crete）的戈爾廷（Gortyn）參賽，實在麻煩，但信使明顯暗示戈爾廷的議會有要事提議，且保證西米洛斯走這一遭絕對值得，西米洛斯不禁有些想一探究竟。

第2章

十一月——啟

ΚΡΑΝΕΙΟΣ ΑΡΧΕΣ

新娘

如果家中有女初長成，雅典的母親有時會說：「她們從派狄亞變成阿蒂蜜絲啦。」派狄亞和阿蒂蜜斯都是希臘女神，派狄亞是個少女形象的神祇，她是逗趣與童心的化身，因此拿來比喻女孩；阿蒂蜜絲則是個嚴肅成熟的女神，比喻未婚的成年女子，而兩個女神有個重要的共通點——她們都是處女。

年少的艾菲雅現在深知「從派狄亞變成阿蒂蜜絲」其實代表一個真正的成年儀式，因為她幾週前才神情肅穆地站在遊戲房裡看著母親收起那些伴她成長的玩具，其中有一隻裝著輪子的破舊玩具馬從三歲時就陪著艾菲雅，她曾多次帶領自己的玩具馬衝向假想的特洛伊城牆，試圖再現荷馬史詩《伊利亞德》中的情節。最終艾菲雅的母親將玩具馬收進袋子放好，袋子中還有其他玩具馬、搖鈴、陀螺以及一些絨毛和動物雕刻。

艾菲雅的母親隨後帶著她前往祭祀阿蒂蜜絲的神殿，與其他女孩一同參加了一場單調沉悶的成年禮，儀式中所有女孩都會將兒時的玩具獻給女神，藉以表示自己正式成年，並開始擔負成年女子的權利義務。儀式期間艾菲雅都在偷偷打量其他女孩，並一一猜測著她們的年齡，剛滿十五歲的艾菲雅絕對不是最年長的那個，而她認為現場年紀最大的女孩約莫十六歲。所有女孩參加儀式的原因都一樣——她們都在過去幾週經歷月經初潮，因為雅典人將第一次來經視為女孩成年的象徵。

艾菲雅成年了，但她卻對自己未來感到迷惘。「艾菲雅」在古希臘語的意思是「增添」，而她們家也確實因為她增添許多麻煩。艾菲雅知道自己很幸運，因為她生在一個小康家庭，且家庭成員彼此之間感情深厚，但是她也深知自己的不幸，因為她是家中四個女兒中最小的那個。雅典的家庭是由男性負責繼承家產並延續家族姓氏，女性則在家中相夫教子。名門望族的女性總能優先出嫁，凡是期望婚姻美滿必要有豐富的嫁妝。

嫁妝至關重要的原因有很多，首先，嫁妝多寡雖然是個人心意，但是幾乎每個收受嫁妝的人心中都會有一個最起碼的行情，且家庭的聲望也會因為禮物的大小有所升降。

再者，嫁妝和新娘密不可分，所以即便婚姻遭遇變故，嫁妝也能作為女方的後盾。

但是艾菲雅的情況更加複雜，雖然他們家族兩代都居於雅典，但他們卻不是（也永遠無法成為）雅典公民。雅典人不但對公民身份嚴加管制，而且非公民女子若與雅典公民結為夫妻，儘管規定漸趨鬆綁，但是這類夫妻的法律地位仍相當不穩定。因此大致上那些外邦人（居於希臘城邦的外國住民，詳見第146頁）——尤其是那些長期居住在雅典的外邦人，通常會選擇與其他的外邦人結婚，而這些外邦公民大多也懶得回去通知原生城邦結婚的消息。

艾菲雅的三個姊姊當然也面臨上述困難，不過她們仍全部順利長大成人並步入婚姻，因此艾菲雅真正的難題其實是父親實在很難再替她拿出另一份嫁妝。從小到大，艾菲雅都因為自己不是男性飽受無聲的責難，加上她知道自己未來的嫁妝可能不會太多，所以努力學習一般男性會希望妻子擁有的技能，如編織、舞蹈、以及家政等等。艾菲雅的三個姐姐出嫁後總共生了十幾個孩子，且幾乎全是男孩，這不僅出乎艾菲雅父親意料，也對艾菲雅很有幫助，因為這證明艾菲雅家的生育能力非常優異，而通常未來的親家在談婚事時也會注意這點。

另外值得注意的是，年輕的艾菲雅出落得美麗動人，她有著一雙淡褐色大眼，身材如小馬一般穠纖合度，肌膚白皙無暇，生了一頭縷縷的金色捲髮，她的姊姊們相比起來則遜色許多。然而如同艾菲雅的其中一個姊姊所言，男人會希望自己的小妾或是情婦貌美如花，但是在娶妻時面貌卻不是首要考量，是否門當戶對，能否順利傳宗接代都遠遠比容貌來的重要。沒有人理會想要美豔床伴的男性出去尋花問柳，但是一個有錢的男人即便有許多漂亮的情婦，妻子卻只能有一個。

即便未來的丈夫不將容貌納入考量，通常他也會勞心費時的評估親友們介紹的適婚人選。再者，就算艾菲雅有理想的丈夫類型，她也知道自己對於婚事毫無發言權，因為她的婚姻是由「基里爾」（Kyrios）全權決定，基里爾通常用來代表「君王或主人」，不過這裡指的是艾菲雅的法定監護人（其實意義上相去不遠），也就是她的父親。因此艾菲雅的結婚對象、時間、以及方式都將由她的父親負責決定。

不過艾菲雅至少有機會（但不保證）能在結婚之前見到未來的丈夫，但是見面的目的與其說是要培養感情，不如說是為了讓未來的新郎在許諾婚約前好好檢查貨物。艾菲雅的三個姐姐首次與丈夫見面都是用這種方式，而每次會面後姐妹們都能在家中的女子房舍嬉笑著聊上數週八卦，同時百無禁忌的評論父母為她們選擇的人選。

至少現在有兩件事情讓艾菲雅沒那麼擔心，首先就是她還年輕，所以在她的父母陷入絕望之前，至少還有兩年時間可以為她尋覓夫婿。再者，艾菲雅不但有姊姊們的支持，還可以借鑑她們的經驗，雖然每個姊姊都已經成家，但是四姊妹經常互相造訪，不只討論家庭事務也會交流育兒經驗，因此艾菲雅認為無論未來婚姻生活是好是壞，至少自己也已經有所準備才是。

建築師

既然神能創造人，那人能否創造神？建築師米頓思忖著，同時再次審核報價是否無誤，為了競標承包位於奧林匹亞的塞拉皮斯神殿建案，等等米頓就要與來自埃及的業主見面。

然而塞拉皮斯是真正的神嗎？還是只是用於凝聚埃及人和移居當地的希臘人，並宣揚國威的洗腦工具？

至少塞拉皮斯神先前在地中海地區的確聲名不顯，也沒有像現在擁有成千上萬的忠實信徒，當時群眾僅僅是隱約知道塞拉皮斯神的存在，直到埃及的托勒密一世執政後才將默默無名的塞拉皮斯發揚光大。

米頓是個單一神論者，也就是他僅會全心信奉一個神祇，但同時也接受其祂神的存在。米頓信仰的主神是灰眼睛的雅典娜女神，尤以雅典娜．艾爾加的工藝女神型態為尊。

正因如此，米頓對於承包新神殿工程相較其他人少了一些顧慮，不過由於塞拉皮斯僭用了一些冥王黑帝斯的特質，因此米頓安置偽神的行為可能構成對黑帝斯的褻瀆，但是米頓堅信他對雅典娜的虔誠信仰能保佑他免受黑帝斯的責難。

由於米頓正在競標塞拉皮斯神殿的工程，想當然爾會對神像的製作細節費盡心思，畢竟神像將放置於納斯（naos），也就是神殿裡最神聖的中央內殿位置。米頓製作神像的藍本來自一尊充滿爭議的塞拉皮斯像，該神像雖具有希臘男子的五官特徵，但身上服裝的鑲邊卻是埃及風格，該雕像原先位於尤金海（黑海古稱）沿岸城市錫諾普。雖然光是塞拉皮斯的人類面孔就足以將祂與獸頭的埃及神靈區分，但是米頓還是計劃在神像的頭上加上一個籃子，並在腳下擺一隻三頭獵犬，三頭犬的設計顯然意指冥界，因為冥界的大門就是由三頭犬科柏洛斯守衛；有涵養的希臘人也會注意到籃子的象徵意義，由於穀物掉到地上後會在下個季節長出新芽，因此裝穀糧的籃子在希臘人眼中是死亡和重生的象徵，不過冥王黑帝斯可能不會太喜歡這個寓意就是了。

新瓶裝舊酒——塞拉皮斯神

馬其頓軍閥托勒密一世征服埃及後，他希望埃及人可以視他為正統的法老，同時也欲向埃及的希臘裔居民表明自己是純正的希臘人，為了達成這個艱鉅的目標，托勒密一世將腦筋動到聖公牛阿庇斯身上。公牛阿庇斯死後埃及人就一直以神的身分祭祀祂，聖公牛阿庇斯也是埃及最古老的崇拜之一，而托勒密執政後進一步將阿庇斯的名字希臘化，從「歐西里斯一阿庇斯」改為「塞拉皮斯」。塞拉皮斯方方面面都是為政權量身打造的神，儘管祂有一些與希臘神祇相似的特質，但是托勒密一世發想的是一個足夠獨特、不容與希臘萬神殿中任何成員混淆的埃及神祇。不過塞拉皮斯與許多著名的埃及神祇不同，祂採用人類面孔而非獸頭形象，這使得塞拉皮斯更具希臘風格，也因此受到希臘化世界的其他地區廣泛接納，這對托勒密的統治也甚有助益，因為大眾認為塞拉皮斯和女神愛西絲是法老的庇護和恩人。塞拉皮斯的主神殿位於埃及的亞歷山卓，曾是舊時最宏偉的神殿之一，不過西元 391 年，神殿因為被視作異教據點而遭一群狂暴的基督徒摧毀殆盡。

儘管錫諾普城的神像擁有冥王黑帝斯的特徵，但這尊塞拉皮斯神像本身和塞拉皮斯神的名氣不相上下，所以米頓才會以這個神像作為範本來討好埃及人。據說托勒密一世有次夢見了塞拉皮斯神，神明希望同樣造型的神像能放置在亞歷山卓新建的雄偉神殿中，由於塞拉皮斯僅在夢中提示神像的樣式及設置地點，起初托勒密根本不知道這座神像真實存在，直到後來有個朝臣發現錫諾普的神像和托勒密的描述並無二致，法老才從朝臣口中得知夢中的雕像居然就在錫諾普城。

托勒密隨即派人前往購買神像，但錫諾普的人民卻遲遲不願割愛，曠日廢時的談判過程最終以埃及人帶著神像登船啟航作收。根據埃及人的說法，當時塞拉皮斯神實在受不了雙方談判進度遲滯，因此直接跨步離開基座走上埃及的船隻；錫諾普人則指稱埃及人在夜裡偷偷用滑輪裝置將神像直接盜走。不過真相為何米頓並不關心，他只希望能將這尊神像的複製品擺進自己設計的神殿裡。

托勒密二世希望這座塞拉皮斯神殿能建造在最能代表希臘的地方——也就是奧林匹

埃及的希臘居民

但凡知曉伊底帕斯的故事和斯芬克斯的謎團之人，必定會認知到古希臘和埃及歷史息息相關，托勒密王朝時期更是休戚與共，因為這個來自馬其頓的王朝不僅在統治埃及後積極鼓勵希臘移民，甚至在埃及境內推動建立完整的希臘都市，而成全此事的重要功臣便是希臘的城邦政體，城邦能將希臘文化封存到一個自成一體的城市，使希臘文化得以從西班牙一路傳播到阿富汗，就此建立起各地文化差異極小的希臘文化圈。舉例來說，考古學家在菲洛提斯古城遺址瓦特法挖出一個傳統的希臘訓練場，而這座由托勒密二世所建造訓練場，距離埃及的希臘居民主要生活圈亞歷山卓以南達到將近 200 公里（約 124 英里）之遙。希臘文化直到羅馬帝國時期仍繼續在埃及繁榮發展，留下了紙莎草文書、雕塑和繪畫等豐富的文化遺產，不過在公元 640 年穆斯林征服埃及後當地的希臘文化便逐漸衰退消失。

亞中舉行奧林匹克運動會的聖地，有鑒於托勒密王朝的君主為了推廣對於這個「新」神祇的信仰，無不耗費大量精力和資源，所以托勒密二世這項決定可說是在意料之中。

然而這個想法卻難以成真，因為伊利斯城邦的元老們憤然拒絕了這項提議，聖地的神殿眾多，他們可不希望一個新創立的神祇過來占位子。不過米頓懷疑埃及人其實並非真的想在聖地建造神殿，而只是利用這個提案來讓元老們接受神殿選址奧林匹亞的其他地區。畢竟偉大的雕刻家菲迪亞斯以象牙及黃金鑄成的宙斯神像就在聖地，面對這種奇觀，即便是埃及王國的豐沛資源也顯得微不足道。

埃及人最後想出的方案有些取巧，那就是買下一塊緊鄰聖地的私人農地，然後將新的神殿建在克羅諾斯山腳的小山坡上，這樣一來塞拉皮斯神殿或許仍比不上聖地著名的宙斯神殿，但至少能居高臨下的俯視它。

由於神殿選址「突出」，因此米頓必須想辦法配合（非常可觀的）預算設計出盡善盡美的希臘神殿，他還為此時時諮詢遠在雅典及以弗所的建築師，最後精心製作出三種不同樣式的神殿展示模型。

這三種設計在一般人看來可能毫無差別，但這是建造神殿的許多傳統教條不容變動所致，例如神殿若以多立克柱式建造，則放置神像的中央內殿大小與派斯塔斯（peristasis，環繞內殿的柱子）的數量必須遵循固定比例關係，而建築的其他構造應擺放的位置和彼此之間的數量也有一定關係，這使得希臘世界中的所有神殿外觀都非常相似。

遠古時期的神殿都是以木頭建造，因為能夠鋪設在屋頂的木材有限，所以建築的寬度也因此受限，當時的許多建築規則也就此流傳下來，儘管某些構造的功用不再，譬如曾經用來固定橫樑的栓子如今僅具裝飾作用，但眾神們就是喜歡這種樣式的神殿。正因如此，塞拉皮斯神殿也將以最傳統的方式建造，因為塞拉皮斯神已經非常標新立異，為了避免影響大眾對祂的信仰，此時自然希望能盡量遵循常規。

米頓想說服埃及的業主採用多立克式的神殿設計，因為這種風格不僅質樸實在，也讓米頓得以用相同的預算建出更加宏偉的神殿，他深知就算只是建一座小神殿的成本也極為高昂，所以米頓自然會優先考量節約成本的問題。

打個比方，一根普通的多立克式樑柱的成本就要價約為五萬德拉克馬，技巧熟練的刻柱工人可能要兩輩子才能賺到這個數目，而即使是米頓最簡約的設計也必須要使用十二根樑柱。而如果埃及人選擇愛奧尼亞柱式，則每根柱子的成本將上升到六萬五德拉克馬，因為愛奧尼亞式的柱子不僅柱頭需要雕花，每一節柱身也必須要由工人精心鑿出凹槽，且一不小心失手就可能造成一萬德拉克馬的損失。

不過也正是要價不斐的成本讓米頓如此積極的想標下工程，因為他的個人酬勞就算只占預付價格的百分之零點五，此生也衣食無憂了。米頓踱著步等待著未來的業主到來，同時浮想聯翩，他想要回到家鄉米洛斯島享受退休生活，並為自己和家人好好蓋一棟房子。

商賈

從商的薩基翁目前身處尼羅河畔一座巨大的神殿之城，人們稱此地為阿波羅波利斯（Apollonopolis）或埃德福（Edfu），這裡和薩基翁平時活動的地區相比可謂是極南之地，他通常喜歡待在亞歷山卓，並和西方的蠻夷及東方的文明做生意，仰賴來往人流賺取利潤。

香料、絲綢和涼鞋等貨物會從東方運來亞歷山卓，不過在貨物抵達艾利托利亞海（紅海古稱）的阿爾西諾港口之前，薩基翁並不會知道貨物究竟來自多遙遠的東方國家。人生禍福難料，商場局勢又變換莫測，因此並非每項交易都能順利完成，可能某位商賈剛剛簽約買下整船的印度辣椒，隨即便遭遇死劫或歷經破產，又或者武裝份子乘著著名海盜港口雷索斯的船隻前來「大肆採購」，頓時該批貨物又需要轉手，此時薩基翁便會出手買下並再尋新的買家。

由於薩基翁的家族來自希臘且生根埃及已久，他在整個希臘化世界中人脈廣闊，也知道待售商品該找上誰才能用最好的價格賣出。倘若貨物價值不斐，薩基翁也會親自視察貨物進出及出售的過程，也順便藉此開拓他賴以維生的人脈。

位於埃及南端的庫什王國地理位置偏遠，所以此前一直不在薩基翁的貿易版圖中，不過該國在三個月前突然變得舉足輕重：薩基翁的一位同業幾乎整年都在和庫什王國大城市麥羅埃（Meroë）的商人磋商一項重大交易，雙方最後生意談妥、也簽訂了經過公證的契約，但是初秋時他卻在運送西班牙銀件前往亞歷山卓之際不幸葬身狂風暴雨。

這位同業的妻子聯絡薩基翁，詢問他是否有意願承接契約，薩基翁原先意興闌珊，然而當他得知這樁交易涉及十二他連得（約七百公斤／一千五百四十磅）價格低廉的象牙時，整個人又興致勃勃起來，且與此同時，阿塔利德國王正努力拓展城池發展，為了美化神殿和紀念碑，小亞細亞地區的貝加蒙王國四處急求象牙。

庫什王國的商人在尼羅河上游的象島找了一個中盤商簽約，安排這位中盤商在收到象牙後負責將近一半的運途，將貨物運往買賣雙方盤點貨物並支付貨款的地點——阿波羅波利斯（埃德福）。於是薩基翁不得不前往這座建在砂岩之上的古老都市，這趟旅途並不輕鬆，因為這段路程不僅長約五千四百斯塔德（略大於一千公里／六百英哩），薩基翁還需要沿著尼羅河逆流而上，而且隨著薩基翁遠離孟菲斯城，他也能感覺到埃及人對自己的敵意漸增，這讓他沿途如坐針氈。

埃及人以源遠流長的歷史為榮，他們曾與亞述人進行貿易，並在亞歷山大大帝崛起的千年前便統治黎凡特的部分地區，然而埃及在薩基翁出生的五百年前曾遭到庫什王朝統治，這也是庫什王國的商賈不願越過象島交易的原因之一。

埃及人好以征服者自居，他們立起許多讚頌統治者的紀念碑，上面無不刻滿各個君主南征北討的浮雕，但是他們同時卻不能接受自己曾遭統治的事實，所以痛恨那些來自新興希臘城市亞歷山卓或是古王國庫什的商人，因為這些人無異是在提醒他們過往今來的恥辱。總而言之，埃及南部的民風憂憤激進，實在不是個做生意的好地方。

薩基翁身為商人，對於貨物經歷千里迢迢的運送早已見怪不怪，他甚至記得有位印度商人在販售香料時曾說，香料運往希臘的路途還遠不及從原產地運抵印度的距離。不過話說回來，這次象牙的原產地麥羅埃雖然遙遠，但薩基翁仍認為那似乎是個美好的地方。

談起庫什王國的首都納帕塔（Napata），人們會說起那裡金字塔的數量比埃及的底比斯還要多，而若要提及麥羅埃城，則一定會說起數量眾多的市民、高聳參天的建築，以及環繞城市周圍的茂密森林。麥羅埃著名的鐵製品不僅製作精良，其產量稀缺也廣為人知，這是由於沉重的鐵製品相對價值較低，因此很少亞歷山卓的商人會從兩千五百公里（一千五百五十英哩）外的麥羅埃批貨，不過鑽石、豹皮、異國動物、以及此次購買的象牙等等貨物就適合長途貨運，也經常遠程交易，不過幾乎沒有商人會全程參與運送，因為如同薩基翁自東方進口的香料一般，歷經遙遠運途的貨物會在商人之間不斷轉手，且最後一手的買家對於貨物初始的產地和賣家常常是一無所知。

薩基翁現在歇宿的招待所能將整條尼羅河盡收眼底，他每個晚上都會不厭其煩地和招待所的希臘業主對談，內容不外乎是戲劇或是他前往希臘和東方貿易的趣聞；而薩基翁白天都會到碼頭邊的人行道上來回踱步，緊張兮兮等著他那批珍貴的貨物沿著河道進港。

這時薩基翁不禁對非洲其他地區和那些棕皮膚居民的生活感到好奇。地中海地區之所以知曉庫什王國，全因於庫什和埃及均位處尼羅河綿長的水域，兩方不論是貿易活動或是資訊傳遞都是利用這條河脈互通有無。然而非洲廣袤無邊，埃及以西還有難以穿越的薩拉哈沙漠，且沙漠的範圍一路延伸到地中海之外的海岸，人們因此對非洲的其他地區一無所知。尼羅河以西、撒哈拉沙漠以南分別是什麼樣子？有沒有未知的繁榮王國或文明正在發展貿易？埃及的北方居民又是否意識到這些文明的存在了呢？

具埃及和希臘背景的薩基翁此前堅信家鄉的領土和文化都獨步世界，然而現在南方遼闊的未知地域卻激起薩基翁的好奇心，他想要租一艘貨船往南邊航行，看看能不能在半路迎接他的貨物，沿途中應該會遇到鱷魚、朱鷺和河馬，甚至還可能看見今年第一批向北遷徙的淡粉色火鶴，況且留在埃德福還得面對暗無天日的神殿及狡猾善變的居民，那倒還不如自己來上一場冒險。

里拉琴樂手

卡莉亞一回到自己的房間，便小心翼翼的將新樂器的外包裝拆開，這是一把耗費她半數積蓄的里拉琴，雖然她床邊擱著的舊琴尚稱堪用，但是音色卻因為安納托利亞炎熱的夏季天氣受到影響，已經沒辦法應付卡莉亞的執業需求，所以她才不得不買一把新琴，而挑選的過程可一點都馬虎不得。

里拉琴種類各異，譬如在仰賴綿羊維生的許多村落，時常可以看到吟遊詩人仍會演奏「福明克斯」里拉琴；而最早出現的「齊利」里拉琴雖然古樸，但卻中看不中用。「齊利」（chelys）里拉琴的名字取自烏龜，因希臘神祇荷米斯為了製琴犧牲一隻陸龜而得名。據說當時荷米斯看守著自己從阿波羅手上偷來的牛群，為了要打發時間，仍是個嬰兒卻極度早慧的荷米斯從羚羊頭骨取下兩隻角作為琴身，並在裝上琴弦後撫奏出悅耳的樂音，然而荷米斯隨後覺得琴音雖美卻缺乏共鳴，所以取下一隻陸龜的殼作為琴板，用以增加樂音的聲響及深度。

此時此刻，卡莉亞真希望自己帶來安納托利亞的是齊利琴，不過話雖如此，正統的齊利琴卻是可遇不可求，因為齊利琴的龜殼不論厚度或彈性都必須恰到好處，才能與作為琴身的山羊角相互搭配，有時候卡莉亞都很想知道究竟要嘗試多少次才能找到合適的龜殼及山羊角。

當然若不使用龜殼和山羊角製琴就沒有上述問題，因此卡莉亞和多數里拉琴演奏家一樣使用琪塔拉琴，雖然琪塔拉琴和福明克斯琴均為豎琴般的箱型琴身設計，但是琪塔拉琴的音色優越，彷彿一頭血統優良的賽馬，相較之下福明克斯琴簡直和一頭運糞的騾子沒有兩樣。

箱型琴身使用精心製造的中空木質音箱，不只能達到與龜殼一樣的共鳴效果，琴身的精密程度甚至還有過之而無不及，不僅徹底避免對陸龜的無謂虐殺，也消除了製琴時龜殼大小不一的不確定因素。細膩的木工能將音箱做成方形琴板供聲響傳遞，進而賦予琴音高雅的質地，而且琴板的木材種類、厚度乃至形狀都會影響音色，因此每把琴相同位置的弦可能各別會展現出圓潤、高亢、宏亮、以及微顫等不同音色。

卡莉亞原本的琪塔拉琴是由櫻桃木製成，這種琴通常較為昂貴，因為琴匠大多不太喜歡處理堅硬易斷的櫻桃木，且心材和邊材因年份不同而質地有異，所以琴匠也只能在兩種材料中挑選一種來製琴。同時使用邊材和心材製成的里拉琴可能出現不平均的色塊，且音板的共鳴也會受到影響，本該豐富而輕亮的音色便會因此混有隱約的雜音。

而且櫻桃木的通常在水分充足且濕度較高的環境下生長，木材的水分因此成為製琴的另一個難題。若仲夏時薩哈拉沙漠的琴匠採用未風乾的木材製琴，如果之後還將樂器帶往安納托利亞高原顯然十分不明智，而卡莉亞這次就犯了這樣的錯誤，她到了安納托利亞高原之後才發現，原來製作樂器的木材未經完全乾燥，整把琴因此在灼熱的天氣下漸漸收縮，進而導致琴身輕微彎曲並有斷裂可能，卡莉亞因此十分懊惱。

現在這把擱置在床邊的琴雖然還能演奏，但也只是堪用而已，對市集的人群演奏或替退役的老兵表演，那麼這把琴還能應付一二；但很可惜，這把琴已無法肩負原有的使命，也就是為那些喜歡鑑賞音樂的貴族演出，演出會在專門為藝術表演設計且聽覺效果極佳的小型廳院進行，而這類名為歐狄恩（odeon）的廳院是為了稱頌太陽神阿波羅而建。

但凡出身顯赫的希臘貴族都懂得一些才藝，縱使不諳演奏里拉琴至少也懂得欣賞音樂，而卡莉亞的聽眾之所以願意支付高昂的費用，就是因為他們希望聽到高級樂器所演奏出的悠揚樂音，然而卡莉亞那把舊的里拉琴如今卻已不值得這個價碼。

由於卡莉亞在音樂界有一定名聲，因此這把舊琴應該還是能賣個不錯的價錢，而且多數貴族擁有的里拉琴大多殘破不堪且琴音刺耳嘈雜，所以這把琴身彎曲的琪塔拉琴即便有些小毛病也顯得不值一提。當然卡莉亞也可以將舊琴賣給她的贊助人——某位尤西比亞城的市議員，卡莉亞目前正在指導他的孩子彈奏里拉琴，但卻怎麼教也教不會。

傳聞中海克力斯雖然是個撥弄弓弦的高手，但只要遇上琴弦便束手無策，然而他既有貴族身分又從小在人文薈萃的底比斯長大，雙親自然還是想讓年少的海克力斯學會演奏弦樂器，並為這個艱鉅任務找到最佳人選——來自色雷斯的奈勒斯。奈勒斯的雙親為阿波羅和謬思女神之首的卡利奧佩，且他的兄弟奧菲斯亦是有史以來最高超的音樂家，因此奈勒斯理所當然也擁有絕頂的音樂才能。

卡莉亞曾唱過幾首名為「萊諾依」的悲壯輓歌，這些輓歌以奈勒斯為名，紀念這位在教學中不幸喪生的音樂家。事發當時奈勒斯正因為海克利斯的笨手笨腳而怒不可遏，所以懊惱地扇了海克力斯的頭一巴掌，此時同樣非常惱怒的海克力斯不再彈出殺豬的琴聲，而是拿起里拉琴大力一揮，殺害了他的老師奈勒斯。（而專業的卡莉亞判斷里拉琴應該也沒能倖免。）

卡莉亞現在指導議員的三個孩子彈琴，雖然他們沒有少年海克力斯的壞脾氣，也不如他那般強壯，但是其中兩個男孩的音樂素養甚至比海克力斯還糟糕，演奏起來可說是荒腔走板，他們的姐姐雖然有好上一些，但即將進入青春期的她彈琴時總是情緒激動，眼神也充滿灼熱的激情，儘管卡莉亞有些欣慰，但也懷疑女孩應該是受到萊斯博斯島的女詩人莎芙充滿情慾的詩句影響。

卡莉亞用微微顫抖的手拆開新琴的包裝，同時覺得是時候該離開優美卻貧脊的尤西比亞城，卡莉亞認為待在這裡簡直就是浪費生命。製造卡莉亞新琴的琴匠也是如此想法，他希望能遇到更多高素質的客戶，因此決定遷舖至貝加蒙。卡莉亞決定明天就遞出辭呈並隨著琴匠一同離去，這樣一來至少能在新琴有任何問題時能馬上送回原廠處理。

第3章

十二月

備

ΛΑΝΟΤΡΟΠΙΟΣ
ΠΡΟΕΤΟΙΜΑΣΙΕΣ

農民

雨聲淅瀝瀝作響，彷彿一張銀色的薄幕落在田地上，雨幕隱蔽了科羅諾斯山。伊菲塔雙手抱胸，在門廊的遮蔽下，既生氣又寬慰的看著大雨。終於！過去的一個月裡，那些雲朵總是在嘲弄她——厚重烏黑的雲層自愛奧尼亞海那側席捲而來，但僅僅下了幾滴雨後便逕自在內陸消散。現在雨勢終於到來，滂沱大雨傾盆而下，土壤受到滋潤，因夏季的乾旱曬得堅硬的泥土地終於鬆動。總算可以開始耕地了。

前一個月也並非讓人遊手好閒的時光。早在昴宿星團隱沒在地平線之前，伊菲塔的工人們便開始他們的前置作業。整隊人馬手持打磨鋒利的鐮刀，來回巡視一片接著一片的田地以清除夏季長出的雜草與野生植物。最後清出來的雜草會被裝到馬車上並載到穀倉後方閒置，傾盆而下的大雨會加速分解讓他們變成發酵冒著煙的堆肥，之後再與乾掉的牲畜糞便及人類排遺混合，做成肥料回到田地上。家庭主婦剛烤出來的甜糕點與鹹麵包，其實原料都是由這堆不甚衛生的雜料中長出來的。

接著，該取出平時收起來的聖櫟木製樹狀犁，沉重的木棍兩端以及連接桿都用木梢釘固定。樹狀犁的一端有金屬製的犁鏵，另一端則是拴在牛犢的身上的聖櫟木製連接桿。幾個星期以來，工人都餵小牛們吃穀物，並讓他們規律運動，因為耕作期一旦開始，每日的工作量都足以讓牠們累癱。

伊菲塔也檢查了備用犁的狀態，確定它還堪用，在鑿破堅硬泥地的時候，木犁因承受巨大壓力而粉碎是常有的事。同樣常見的事，還有伊菲塔較貧困的鄰居們來求借那個備用犁；作為鄰里間打好關係，伊菲塔通常都會答應，更何況她無論如何都不想將小牛借給別人，因為有次附近的農夫將小牛還回來時，兩隻牲口身上布滿了汗水、鞭痕，不僅筋疲力竭還幾乎跛腳。好在這陣子對於每個農場來說，都是一年當中最忙的時候，而伊菲塔總是用巧妙的藉口來說明自己無法出借牛隻，鄰居們也都心領神會，所以現在大家也懶得向她開口。

於此同時，伊菲塔的工人們正在清理她的寶貝橡樹林及修剪林間的灌木，工人用清理出來較大塊的邊角木料各自做了一個「破土槌」——這是一種形狀粗糙的槌子，工人們在犁完地後會用這些槌子敲碎大土塊。由於今年犁田的時間較晚，破土後播種的工人便會隨即跟上，而帶著彈弓的小夥子則會守在播種者後面，那些試圖在新翻土的農地上來頓新鮮種子大餐的鳥兒們，最後都會變成農人的盤中飧。覬覦伊菲塔作物的不只有斑鳩與沙雞——秧雞與鷓鴣也都躍躍欲試，並在稍後通通成為農場工人晚餐的「桌」上嘉賓。

儘管播種時機稍晚，伊菲塔還是在農地上賭了一把，種植二粒小麥。一般的年份裡，即便售價較低她也還是會選擇種植大麥，因為十二月麥收成得晚。因此，如果想讓晚播的穀麥作物與早播的作物收益相當，春天的天氣就必須要潮濕陰灰。伊菲塔不討厭花苞與布穀鳥，但來年春天，她希望看見灰濛濛的天空與綿綿細雨。然而，如果是個乾燥而晴朗的春天，小麥收成也很差，農場的經濟也不會因此捉襟見肘。今年會舉辦奧林匹克運動會，農場工人們現在壓榨觀光客的手段也跟他們擠羊奶的手法一樣好了。所以無論如何，都會是豐收的一年，何不賭一把，讓今年有機會賺更多？

這個想法提醒了伊菲塔，該檢查山羊們是否確實都有產出足夠的奶（遊客們都喜歡山羊奶酪）。有些年輕的母羊產奶量已經下降，伴隨著搖尾巴與響亮的叫聲，這表示現在該讓母羊們配種了。她必須預留一百五十天左右的妊娠期，接下來就是母羊分娩，到了春天就會有豐沛的產乳量。再過三個月，鹽水奶酪就會熟成，來參加奧林匹克的運動迷們就能享受到一流的產品。其實，農場用了一串有點饒口的標語來宣傳伊菲塔的奶酪：「自阿瑞斯泰俄斯（Aristaios，阿波羅之子）傳授人類做奶酪的技術以來，歷久彌新的好味道。」

說到配種……伊菲塔就想到了與兒子最近一次的談話，她不禁皺起了眉頭。上星期她兒子接受了邀請，到農場與她共進晚餐（這是比較委婉的說法，他根本怕到不敢違抗母親大人的召喚）。用餐時，談到了抱孫這個話題——其實用餐前就已經開始說，直到吃完最後一片蜂蜜蛋糕也還在說。伊菲塔所在的農場算得上是個與世隔絕的地方，不過這並不影響她過去兩個月以來的東奔西走，從鄰居與伊利斯城的友人那裡找了一干適婚的年輕女性，並讓她們在精心安排的社交場合裡與自己的兒子碰面。但是現在看來，一切努力都白費了。

想到就氣人。如果伊菲塔是個男人，她大可以直接從附近的農場挑一個適合的丫頭，與她的父親談好哪塊地該作為新娘的嫁妝，然後就能通知兒子準備當丈夫了。然而她身為女人，一切都變得複雜許多，因為嚴格說起來，伊菲塔不但同時身兼這個廢物的監護人與受撫養人，還必須想盡千方百計讓他結婚。偏偏兒子平常對她是言聽計從，但在婚姻這回事上卻意外的固執。這個傢伙現在決定要去雅典學習伊比鳩魯哲學——鬼才相信，難不成伊比鳩魯有教人逃得離家長跟未來的配偶越遠越好嗎？

幸好，天無絕人之路。伊菲塔的家族與雅典的伊利斯家族是行之有年的異客友聯盟（Xenia），這是一種傳統的招待式友誼。如果這個雅典家族要參加奧林匹克盛會，來農場作客就會受熱烈的款待。如果伊菲塔的家族因為公事或娛樂到了雅典，也可以住在他們的異客友（Xenos，在他鄉招待的朋友）家裡。這個結盟非常實用，特別是在一番謹慎的查證，發現他們在雅典的異客友最近有一個適婚年齡的女兒時尤其如此。住在雅典的女孩通常都會選擇嫁給同城的對象，不過也許可以想辦法說動她的家長，為來自祖先家鄉的長年家族盟友破個例。這個女孩在四個姊妹當中年紀最小，因此她的嫁妝也最微薄——不過眼下，只要這個女孩有生育能力，還可以接受她那吹毛求疵的兒子，那麼兒子就算娶個伊利里亞海盜的女兒回來伊菲雅都會很開心。

使節

珀色烏斯端坐書房，一邊凝視馬其頓首都佩拉城裡積滿白雪的房舍屋頂，一邊在腦中思索著婚姻狀況，不過這位馬其頓的使節已經有位同居將近十年的豐腴小妾，也無意改變安逸的現狀，所以他考量的並不是自己的婚姻，而是塞琉卡斯的國王安條哥二世與埃及托勒密二世的女兒那對怨偶。

事實上安條哥二世與托勒密二世的女兒結婚也是身不由己，當時塞琉卡斯王朝與埃及甫歷經漫長鏖戰，安條哥二世面臨不與敵方和親就可能喪失王國一大塊領土的局面，所以他只好不甘不願地與當時的王后離婚，迎娶托勒密的女兒。托勒密就此將後代安插進龐大強盛的塞琉卡斯帝國的繼承順位中，而一直視托勒密為眼中釘的馬其頓長久以來都對此事感到如芒刺背。

馬其頓人民和塞琉王國剛退位的王后都對這樁婚事非常不滿，根據馬其頓在塞琉細

不為人知的珀色烏斯

具有貴族血統的珀色烏斯約於公元前 310 年出生，根據作家第歐根尼·拉爾修的傳述，他鍾愛音樂和聚會。馬其頓國王安條哥二世曾邀請大哲學家芝諾入閣，而芝諾則派出學生珀色烏斯就任，珀色烏斯入宮後備受信賴，不過國王安條哥有次想考驗他對於斯多噶學派教義的信念，便告訴珀色烏斯他在西提姆的財產已經全毀，安條哥看見臣子懊惱的神情，才知道原來珀色烏斯還是會受到物欲的影響。珀色烏斯替安條哥執行的最後一個任務是帶領科林斯抵抗新生的阿凱亞聯盟，但是他卻在西庫昂的阿拉圖斯發動攻擊時為了保衛城池而戰死。

亞宮廷的密探回報，就連安條哥二世都難以接受自己的新婚妻子，消息指出寢宮常常在夜裡傳出對罵的聲音，且國王大半的時間都沒有待在首都——想來也不意外，畢竟自己的國家都即將滅亡，國王想找個理由遠離妻子自非難事。

希臘化世界各國都在觀察塞琉卡斯的國王是否會背棄與托勒密間的婚約，回到他怒火中燒的前妻身邊，各國皇室為此爭論不休，其中最希望此事成真的國家非馬其頓莫屬，若這樁婚姻告吹，單單能因此消除托勒密的勢力就已經值得慶祝，更別說此舉還能將托勒密的注意力轉移回塞琉細亞，進而不能繼續在希臘地區惹事生非。

基於以上考量，馬其頓國王隨即派遣珀色烏斯出使塞琉卡斯王朝，他抵達後的首要任務就是找到安條哥二世，若屆時安條哥二世選擇娶回前任王后，則珀色烏斯將傾全馬其頓之力提供協助。不過寒冬中的差旅困難重重，所以待珀色烏斯遇見安條哥之際，這位國王應該正為即將到來的春天圖謀擘畫，塞琉卡斯王室必須要決定適合發動戰事的季節到來時，究竟是要平定東方亞美尼亞及安納托利亞的叛亂份子，還是國王要解除現有的婚姻關係，選擇面對托勒密的無邊怒火，而珀色烏斯的首要任務就是說服安條哥二世後者才是最佳的選擇。

珀色烏斯長居的佩拉城雖然曾是個海港，但是現在已因為長期淤積而無法使用，即便如此，珀色烏斯若在春天出發事情仍會單純的多，他只需要乘接駁船到佩拉的海港，接著再駕船前往位於歐朗提斯河口的塞琉細亞皮亞港即可。然而珀色烏斯是在隆冬時節出發，不得不謹慎行事，因為在愛奧尼亞充滿暴風雨的海面上航行幾乎與自殺無異，所以這位使節得先往東穿越色雷斯的荒蕪之地，然後橫渡拜占庭的赫勒斯龐海峽後再穿越南邊的小亞細亞。

雖然旅途艱辛且曠日廢時，不過珀色烏斯沿途會停靠貝加蒙和安卡拉等地，所以他至少有機會能將這些地方的真實情況匯報王上。再說高階的外交官吏偶爾出出外勤也是好事，外派人員大多不喜歡呈報壞消息，所以通常對馬其頓王宮往往報喜不報憂，此次珀色烏斯走出首都親見親聞，也能確保國王在他回國後得到更精準的情報。

珀色烏斯嘆了口氣，順手拿來一張莎草紙，國王決定遣使塞琉雖是樁好事，但珀色烏斯現在也因此必須與眾多外交人員坐下來共商大事。由於外交總長接下來不在國內，所以幾位副手率先出來簡短報告之後的工作內容；接下來也安排了幾位傳信使，好讓珀色烏斯能跟上國內的脈動；最後則是選任幾位外使，提前派往珀色烏斯將經過的各個城市及王國，給這些地方一些準備時間，珀色烏斯此行目的畢竟是傳播善意，如果希臘化世界的大國高官突然就登門拜訪，恐怕不是大家所樂見。

珀色烏斯的隨行人員也亟待妥善安排。他身為馬其頓的代表，抵達塞琉卡斯時自然不能像個人困馬乏的邋遢流浪漢，所以滿載華服的衣櫃及負責維護的人馬肯定不能少，暫停路旁時也得有廚師來烹煮食物，最重要的是，為了確保珀色烏斯不會半路遭人劫財或殺害，他還需要大量的騎兵護衛，而這些人員同樣也得事先通報沿途經過的獨立城市與小王國，否則大量的馬其頓騎兵突然出現實在很容易令人會錯意。

珀色烏斯祈禱一切都順順利利。他期望這列外交車隊將能安穩通過小亞細亞，並為馬其頓結交更多盟友，若無意外他也能在塞琉的首都附近就找到安條哥，屆時這位塞琉卡斯王朝的國王一定會對他的埃及王后深感不滿，進而選擇重回他因為外交因素而拋棄的家庭懷抱。

珀色烏斯思索著塞琉之行後的去向？目前希臘仍醞釀著不滿的情緒，但如果安條哥一事進行順利，那麼選擇橫越愛琴海並穿越雅典和色薩利回國未嘗不是個壞主意。珀色烏斯其實也想過延長旅程，年末時前往伯羅奔尼撒半島，即便珀色烏斯身負新任務，他仍想趕上奧運會一探究竟。

逃奴

哈利卡納索斯市議會每隔一段時間便會在市集公告逃奴懸賞令，大部分的希臘城邦也都是如此。逃奴赫蒙的賞金現在是三他連得的銅，倘若逃犯遁入神殿，賞金則會降為二他連得的銅，而且還不得觸怒殿中的神明。

公告前有一小群人聚集，某位熱心的市民正替不識字市民大聲朗讀懸賞內容。人群中，有個接近青春期的瘦小「男孩」站在後方，他身穿的連帽斗篷不僅能抵禦冬天的寒風，還能遮掩五官特徵而達到隱藏身分的效果。

「逃逸女奴瑟拉塔、十八歲、金棕色頭髮、脖子上有野馬刺青。挾帶四十德拉克馬的硬幣逃跑，態度惡劣，經常違抗主人命令，身上有鞭打留下來的疤痕可供指認。」瑟拉塔逃跑後就憂心忡忡，生怕市集哪天出現這樣的懸賞令，不過類似的公告目前還無人張貼。

瑟拉塔深知自己的懸賞公告遲早會出現，通常奴隸失蹤後憤怒的主人一旦向城市當局通報並提出自己的懸賞條件，那麼該名奴隸便會列入城鎮間流通的逃奴名單，而對各地的有心之士而言，發現一個逃奴簡直就和樂透中獎沒有兩樣。

瑟拉塔曾聽聞有些人會以拘捕逃奴為業，不過她進一步研究後發現，這些獵奴人大多只會追捕那些竊取大量錢財的逃奴，而瑟拉塔發現逃奴赫蒙就是在逃跑前捲走主人許多金幣和一些珍珠，所以有閒暇的獵奴人才對他很有興趣。不過從赫蒙不斷提高的懸賞金額看來，他的逃亡計畫似乎空前成功。

很遺憾，瑟拉塔逃亡後本該可以享受大好人生，然而她卻害怕遭人認出，且被迫回到殘暴的主人身邊承受無邊虐待，而終日惶惶不安。當初在雅典答應送瑟拉塔一程的漁民本來有所迷信，認為讓女人登船非明智之舉，不過出港後天氣晴朗、和風徐徐，且灑下的漁網也順利補到大量藍魚，漁民們這才相信神明已經認可他們的行為。實際上，瑟拉塔在捕撈藍魚時也貢獻良多，敏捷如猴的她會快速竄上桅桿，一看到藍魚的影子便大聲提醒底下的船員。

待漁船靠港哈利卡納索斯之際，瑟拉塔儼然成為漁民們眼中的吉祥物，她的性格活潑開朗，又願意隨時處理一些瑣碎的雜務，好讓漁船能在秋季的海中穩健航行，所以船員們都很欣賞瑟拉塔，她也因此數週都未挨打。漁船進港後漁民們隨即討論一番，最後決定掩飾瑟拉塔的性別，假扮成某個魚販來自西里西亞的草藥師妻子即將進入青春期的侄子。

瑟拉塔現在住在某間裁縫店樓上的小客房，這間裁縫店位處繁忙地段，狄蜜特神殿和東邊城門外的墓地也都在這條道路上，此地距離港口不遠，而圍繞著巨大海灣打造的哈利卡納索斯也呈現一彎新月的形狀。瑟拉塔每天都在拂曉時起床趕往碼頭，正是漁民將徹夜趕海捕撈的漁獲卸下漁船的時刻，瑟拉塔現在已經能一眼區分漁網裡裝的究竟是鯷魚、沙丁魚或是鯔魚，偶爾也會看見鰹魚，直火炙燒或開爐烘烤的鰹魚都是當地人的佳餚。

瑟拉塔回去後會將當天的漁貨情報告訴她的漁販「姑丈」，以供姑丈前往碼頭時能購買到賣相較佳的漁貨。劇院和托勒密柱廊間的山丘上住著一些富人，碼頭的漁貨中通常有一部份會直接送往山丘上的富貴人家，而剩下的漁獲則由魚販拿到市場的攤位上販售。瑟拉塔每天清晨從碼頭回來後便會去找她的草藥師「姑姑」，並在姑姑的指派下將草藥分類、晾曬、或是依各種不同比例調劑，而這些工作足夠瑟拉塔做上一整個早上。

完成工作後瑟拉塔有大半天能探索哈利卡納索斯。不得不說這座城市已經不如從前，過去阿特米西雅女王主政時，哈利卡納索斯曾有機會成為安納托利亞地區的明珠，但是後來亞歷山大大帝擊敗波斯人拿下城池之際，當時的波斯統帥出於憤恨將城市焚毀大半，這個魯莽的決策也使哈利卡納索斯至今未能重返盛況，城內的局勢也因為最近的輕型地震更加動盪不安。而城市中著名的陵墓雖仍稱的上是世界奇景，但這座建造已逾百年的建築也已開始出現磨損及裂痕。

哈利卡納索斯目前受到埃及的托勒密王國保護，這也是瑟拉塔最喜歡這座城市的原因，因為馬其頓王國統治的雅典若想逮捕逃奴或是從事其他要務，到了這裡影響力都會大打折扣。托勒密對哈利卡納索斯大有助益，他主導許多城市內指標建築的興建及修繕，其中當然也包括那座托勒密柱廊，不過托勒密採用無為而治的施政風格，所以市民在感恩戴德的同時也幾乎快要忘記柱廊就是以托勒密為名。

總而言之，現在瑟拉塔深知自己從逃出雅典後可說是福星高照，她有個家庭可以寄宿，且大家都對她很友善，只是有時會過於擔憂瑟拉塔的安危，如今瑟拉塔終於有個能好好睡覺的地方，平時還有數不盡的魚可以吃。然而哈利卡納索斯雖然溫馨，卻只能提供暫時的庇護，人們遲早會懷疑接近青春期的男孩為何遲遲沒長鬍子或是變聲，而且一到夏天瑟拉塔就很難繼續掩蓋脖子上的野馬刺青，屆時雅典發來懸賞令時肯定會因此遭人認出。

因此瑟拉塔已經開始注意那些自北方來的商隊，並計畫加入其中一支隊伍折返北方的歸途。她雖然喜歡安納托利亞南部的種種，但她更想念家鄉開闊的平原，以及山頂白雪靄靄的海摩斯山與北方地平線相接的山景。

短跑選手

短跑選手西米洛斯離開競技場後，輕鬆跑了一會，隨後便在聖林的樹蔭下席地而坐，凝視著古老梧桐樹隆起的巨大樹幹。老樹參天，約是西米洛斯的二十倍高，且枝葉非常濃密。當地人肯定地告訴西米洛斯，宙斯以牛型將女神歐羅巴（Europa）從黎凡特（Levant）帶回後，就是在這樣的一棵樹下向她求愛，而在此懷上了米諾斯國王（Minos）。

短跑選手暗自思索這個故事可以有兩種見解。一方面，我們可以視之為男子回到無愛的婚姻前情侶私奔的浪漫插曲；但另一方面，我們也能想成是歐羅巴遭到暴力綁架，而這座宜人的聖林就是宙斯反覆強暴無助受害者的現場。如何解釋終究端看說書人的觀點。

西米洛斯思考故事的二元觀點之際，他突然開始對克里特島（Crete）感到有些矛盾，對戈爾廷尤為疑惑。戈爾廷無疑是座令人印象深刻的城市，不僅有堅固的城牆、高聳的

古克里特

克里特從許多角度都可說比希臘更希臘。諸多希臘的風俗及禮法都源自克里特，克里特也是普遍認知中眾神之王宙斯的誕生地。希臘化時期，眾多城邦崛起，其中又以南海岸的戈爾廷（Gortyn）為首。儘管克里特島能受益於埃及、希臘和小亞細亞之間的貿易往來，但各城邦間的貴族相爭戰爭導致農民普遍貧困，因此許多克里特島人決定成為傭兵，克里特的弓箭手尤為炙手可熱，當時戰爭中敵對雙方都雇用克里特島人的情況並不罕見；而有些克里特島人則打包行囊搬往希臘或亞洲地區較和平的地方；還有些一無所有的克里特島人只能漂泊海上，而後克里特海盜成為國際貿易的一大麻煩，直至公元前一世紀才遭羅馬鎮壓，羅馬最終也成功統治整個克里特島。

衛城，還有西米洛斯所見過最棒的體育場設施，同時，早上集市裡熙熙攘攘的人群情緒高漲，似有勃勃的精力與抱負，透露出不惜代價也要出類拔萃的決心。

這一切都很好，西米洛斯也是因為有著同樣的態度才能為奧運級別的短跑選手，但人會想要一輩子活在這樣的氛圍中嗎？這才是西米洛斯真正思索的問題。

西米洛斯此趟到克里特之初覺得並無任何怪異，但回想起來，西米洛斯和他的隨行人員在戈爾廷的萊貝納港口（Lebena）下船時，他們受到的歡迎實在過分熱情。選手、教練和按摩師全都獲得妥善安排，住在競技場附近的出租屋，屋內的僕人十分周到，時時聽候差遣。西米洛斯確實在緊接而來的重要運動會中算是明星選手，但即便如此，城邦的官員還是過於阿諛逢迎，更直白地說，一連串華麗的讚美和虛假的奉承已讓西米洛斯感到很不舒服。

西米洛斯來參加的比賽遵循了其他希臘化王國類似比賽的模式，首先會有遊行隊伍前往競技場並為榮耀該城的守護神——雅典娜獻祭；其次會有演講，因為戈爾廷施行的是民主制度，連任大選在即的政客不可能會放過在選民前露面的機會，而隔天比賽才真正開始。大量民眾會前去觀賽，他們出席不僅是為了榮耀女神，同時擅長運動且喜愛欣賞運動員也是古希臘人鮮明的特色，而克里特島人更是認為自己比希臘人更希臘。

第一天比賽的項目包括跳遠、鐵餅和標槍，第二天則是拳擊、摔跤和潘克拉辛搏擊（pankration），潘克拉辛搏擊是類似融合了拳擊與摔跤的格鬥項目，隨後比的是五項全能，運動員通過參加五項重大賽事展現多樣能力，接下來的一整天舉辦的是戰馬車比賽，克里特島的貴族竭力競賽，比的不僅是速度，同時也比馬車和馬匹的華貴。

西米洛斯注意到這些貴族競賽中的殘暴與苦烈，這種殊死的競爭對於島上的政治發展並非好預兆，派系鬥爭經常會升級為全面的內戰，這可說是希臘公民生活的詛咒。通常根基穩固的家族會採取煽動群眾的路線，聲稱得到人民的支持，起身對抗勢力過盛的派系和他們的政治對手，此時其餘的「人上人」（貴族的希臘文字根意義）皆會落於下風，無法抗衡他們之中興起的敵對家族，局面就此便會開始走下坡。

西米洛斯通常不太關注這些事情，即便是城邦間的戰爭，每逢宗教慶典時仍會休戰，他就仍能把握機會登島去比賽，隨後迅速前往更宜人的地區，最好還能帶著勝果離開。然而戈爾廷此行有所不同。

斯塔德（stadion）競賽，也就是最後的短跑比賽，往往是運動會最高潮的比賽項目，跑道寬闊平坦。西米洛斯歷經亞歷山卓的勝利後至今仍處巔峰，此次比賽他輕鬆獲勝，甚至能在終點線前停下來，看看第二名和第三名跑者誰與爭鋒。

當晚西米洛斯歡慶勝利，他受邀至當地的高官衛城陡坡上的家中作客，這是一場私宴，結束後選手和主人一起在陽台上坐下，遠眺欣賞南方地中海在月光下閃閃發亮，兩個人灑酒祭神，隨後政客開始闡述自己的建議。

基本上是說，戈爾廷願意付一大筆錢，希望西米洛斯放棄他拿坡里的公民身分，然後成為克里特島的居民，西米洛斯就會以優良公民的身份正式入籍戈爾廷，來年的奧運就能代表戈爾廷出賽，成為「戈爾廷的西米洛斯」。

這是一個誘人的提議，該名政客也非常具說服力。如此一來，西米洛斯就能隨時想回家就回家，不會再因為羅馬和迦太基（Carthage）間連綿的戰火而遭故國驅逐；他也能善用戈爾廷多樣的運動訓練設施，而不再只能仰賴善心人士的施捨；再者，西米洛斯就能從希臘邊陲搬遷至希臘化王國的中心地帶，巡迴參與運動賽事會更加輕鬆，各賽事間的時間也無須再四處遊蕩。

他表示希臘人早已不再只能永遠效忠同一個城邦，過去十年間，希臘本土的多個城池都已人去樓空，居民們紛紛離開故土，外流至小亞細亞、埃及和黎凡特等地新成立的希臘化城邦，新城邦的領導人積極收編這些移民，就如同西米洛斯此刻一般。

尼羅河與底格里斯河畔全是肥沃的農地，有什麼理由還要留在希臘貧瘠的土地上謀生呢？西米洛斯同樣有何理由要保留多年來與他無關的故土籍貫呢？正如亞歷山大大帝四處征戰，為希臘化世界的移民開闢了一個新世界，具有運動才能的西米洛斯有何理由不去更好的城邦設籍呢？

所以此刻西米洛斯坐在聖林下，思索著自己的選項，戈爾廷會歡天喜地迎接他，但他出生的城邦卻會將他視為投機的逃兵，那些紀念他的牌匾將遭拆除，他曾經的存在將會遭到抹煞。如果西米洛斯接受了戈爾廷的提議，而後繼續在奧運上取勝，歷史會如何定位他呢？世人記憶中的他會是憤世嫉俗的叛徒還是腳踏實地的運動員呢？亦或是會如同宙斯和歐羅巴的故事一般，結論會因人而異呢？

第4章

一月

備

MAXANEYΣ
ΠΡΟΕΤΟΙΜΑΣΙΕΣ

新娘

潘菲洛斯是有錢船匠家的獨子，他不僅是家境好的單身漢，且有著線條明顯的下巴、亞麻色的頭髮及藍色的眼睛，長相非常俊俏，然而他也是個好色之徒，時常流連於妓院，總有街邊的妓女相伴。潘菲洛斯十分嗜酒，且喝醉後會變得兇狠暴力，事實上，正因他幾杯黃湯下肚後的荒腔走板，他的第一任妻子才會向當地的執政官訴請離婚，希臘女子鮮少離婚，畢竟多數太太都敵不過流言蜚語。女子必須親自訴請離婚，而這是為數不多女子能為自己站上法庭的時刻，潘菲洛斯的第一任妻子上法庭時，嘴唇紅腫且眼窩瘀青，足以證明她所言不假，再加上潘菲洛斯本就惡名昭彰，離婚才得以坐實。

此時的潘菲洛斯已開始找尋新的妻子，為此他找上了艾菲雅的父母，並提出能無息貸款給艾菲雅一家，供艾菲雅的父母置辦他們無力承擔的嫁妝，潘菲洛斯還發誓之後貸款便會無聲無息一筆勾銷，換言之，潘菲洛斯會一力承擔新任妻子的所有嫁妝費用。艾菲雅心想大可說清楚講明白，根本無須繞著圈子做生意，但這裡是雅典，嫁妝的豐厚程度可是關乎著男女雙方的臉面。然而就這樣「免費」將艾菲雅拱手讓人，也同樣有損她父親和新丈夫的名聲。

但此次談婚論嫁卻不把這個問題當一回事，這位追求者的俊俏臉龐和家庭人脈早早就給艾菲雅的父母留下深刻印象，且他們無從準備體面嫁妝的窘境也迎刃而解。而艾菲雅的姐妹們可就不同，說白了她們心中更多的是恐懼，雅典的女子鮮少出門，但凡有機會必是聚在一起八卦，儘管潘菲洛斯再三宣稱自己已經改變，但艾菲雅的姐妹們沒花多少功夫就翻出一堆狗改不了吃屎的證據，他的種種行為和過去一模一樣。艾菲雅的父母的確很想把女兒嫁出去，但他們也真心希望女兒能幸福，求娶因而作罷，艾菲雅得以鬆一口氣，而她的父母則開始坐等更好的條件來換他們的女兒。

即便潘菲洛斯的為人有再多不是，但至少他是在地人。自從潘菲洛斯的求娶遭阻後，艾菲雅的母親便開始對故土伊利斯的風景及種種百般思念。多數像艾菲雅這樣的女孩都

身為古希臘男子的太太

希臘某些城市的新娘會戴上蘆筍頭冠，作為一種對新郎的警示，蘆筍美味的部分有尖刺所保護，象徵希臘太太一職的矛盾，太太負責料理家務，絕對有能力讓丈夫活得痛苦，但終究太太都得服從丈夫（劇作家阿里斯托芬（Aristophines）在他作品的《利西翠妲》（Lysistrata）中，他呈現出丈夫理所當然地在日常裡拍妻子的屁股）。希臘的女性往往在初經來潮時就得出嫁，約莫會在她們十五至十八歲間，而男子則多在三十歲時才娶妻，新娘的年紀又往往只有丈夫的一半，更無益於改變太太都得服從丈夫的傳統。儘管在家中常得由太太做主，但丈夫並不希望太太常出門，即便出門也都得戴上厚厚的面紗與斗篷。

沒受到像樣的教育，她固然得練習紡織，卻非特別擅長織布，她會讀寫，也會算數，但僅限於能處理家裡帳務的程度，並無人額外花心思教她地理，所以艾菲雅只知道伊利斯是遙遠的故鄉，且有時會有自那遙遠城邦的陌生人前來家裡拜訪。

今天家裡又有伊利斯來的客人，艾菲雅的母親異常殷切地想告訴女兒他們家庭的淵源。伊利斯顯然歷史悠久，連荷馬史詩中都曾提到伊利斯的人民，同時伊利斯也非常和平，過去幾世紀，這座城邦總能在希臘的重大政治紛爭中站對邊。

看來伊利斯實際上也沒有那麼遠，先趕到科林斯，再乘船穿過科林斯灣到愛奧尼亞海，就差不多抵達伊利斯，就是這麼容易，儘管冬天天氣惡劣，此次來訪的客人還是在十天內完成這段旅程。伊利斯城非常壯觀，中心是一座大市集，市集由眾多神殿所圍繞，阿芙蘿黛蒂（Aphrodite）的殿中佇立著由黃金和象牙製成的神像，市場另一頭的阿波羅神殿也非常雄偉，城中還有一座競技場，堪稱是能媲美雅典的戴歐尼修斯（Dionysus）的劇場，總而言之，應有盡有。

該男非常彬彬有禮，決不會隨意踏足女子的住處，然而艾菲雅已經多次見到他到訪，不難看出艾菲雅母親的目的為何，所以艾菲雅數次若有所思地盯著來自這位伊利斯的客人猛看，目前很確定他沒有阿波羅的相貌，男子身材短小、皮膚黝黑，還略顯肥胖，看上去有些神經質，且做事毛毛躁躁，感覺應該很會流手汗。

不過這些都算不上太嚴重的缺點，畢竟艾菲雅的姐姐們曾告訴她，出眾的外貌並非維持婚姻的長久之道，丈夫首要為性格體貼，再者對家庭開銷出手闊綽，第三是要有份多數時間都在外忙碌的職業，艾菲雅哀怨地接受這種說法，但如果他連伴侶說的話都聽不懂該怎麼辦呢？

這確實會是個障礙，伊利斯人說的話可是出了名的難懂，儘管伊利斯人十分忠於希臘化文明，但他們的希臘文說得與雅典人的悅耳動聽相差甚遠，反而與羅馬人、伊利里亞人及其他蠻族的粗聲大氣更為相像，不僅僅是因為伊利斯人是多利安人，畢竟多數伯羅奔尼撒半島的居民都是多利安人，儘管雅典愛奧尼亞語明顯不同，但斯巴達語比起伊利斯語又更容易通過寬闊的母音和扁平的子音分辨出來，即便是未學過的人也能輕易理解。

艾菲雅絕不會向父母承認她時常下樓偷聽父親與客人談話。她父親有時會為家族企業為到伊利斯出差，但顯然儘管父親相當習慣當地人的口音，但他有時仍試著猜出客人含糊話語中的含意。艾菲雅有天可能會養出有著同樣粗俗口音的小孩，她真的想都不敢想，即便她離開雅典，還是會時常與姐妹們在家族聚會中相見，艾菲雅又要怎麼面對當姐妹們聽到她小孩講話時的沒面子呢？

但這些就是眼前的選項，究竟要與蠻橫的潘菲洛斯一起住在雅典，還是遠離親友們住到遙遠且未知的伊利斯。身為家中的第四個女兒已經夠糟，但面臨兩個反感的選項，還身不由己而得由父母決定，才真是糟糕透頂。

建築師

為牛隻討價還價後，農夫離開了米頓的辦公室。米頓輕輕的把頭靠在工作桌上。九個月！實在是荒謬絕倫。雖然九個月足以讓嬰孩呱呱落地，也是波瑟芬妮一年能重回地面，不用返回冥界與丈夫黑帝斯相聚的時長，但要九個月內建好神殿可真是前無古人。以兩個半世紀前（公元前五二〇年）在雅典開始興建的奧林匹亞宙斯神殿為例，其建設一直以來都按部就班地進行著，只偶然被戰爭或瘟疫打斷。當時的建造者自信地計畫著在未來一到四世紀內讓神殿拔地而起，這個速度才是蓋神殿的正確步調啊。

然而，托勒密的特使態度一直都堅定不移：如果新的塞拉皮斯神殿在下屆奧運會之前還無法供信徒朝聖，這埃及法老可是對這大興土木的計畫興趣缺缺。

所以說，假設成本不是什麼問題，米頓能在時限內建成神殿嗎？邏輯上來說，不太可能。這也是另外幾個建築師立刻拒絕此委託的原因。精明的埃及人對於履行合約上所列義務要求非常嚴格，簽約的建商要能在時限內完成簡直難如登天，最後恐怕是得自掏腰包的。

林多斯（Lindos）有一位查洛斯（Charos），他的故事使米頓惡夢連連。查洛斯是一位著名的建築師，曾受羅德島人民委任建造一座巨大的雕像，那雕像至今成了世界奇蹟之一。它最初被設計為高五十腕尺高（二十三公尺／七十五英尺）的龐然大物，雖此尺寸不算是史無前例，仍已巨大雄偉。哪知，羅德島居民進一步要求查洛斯建造個兩倍高的雕像，意欲將他本就碩大無朋的作品提升至震古鑠今的境界。理所當然地，查洛斯答應了；他也不忘補充，由於雕像的高度要增加一倍，支付他的金額也得翻倍。

問題是將雕像拔高一倍所需的材料是等比增加而非線性。因此，查落斯最終支付的材料成本是他建造一座五十腕尺雕像的八倍。此宏偉的計畫後來由另一位建築師完成，因為傾家蕩產又無地自容的查洛斯在大功告成前便自殺了。

這故事可能為憑空杜撰，但箇中寓意實在確鑿無疑。除了米頓，沒有其他建築商願意承擔加速建造神殿有可能帶來的極大風險。之所以願意承擔風險，就是因為米頓在奧林匹亞附近工作了一段時間，對當地的廣泛知識賦予了他不同於他人的優勢。例如，他知道離小城市菲亞（Pheia）不遠的斯卡皮迪山（Mount Skaphídi）上有個岬角，那邊的市民曾為海神波賽頓建造了一座神殿。

出於某種原因，神殿不得那克羅諾斯之子所喜。經過了十年慢悠悠的工程，建築工程終於落成。倏地，地坼天崩，地震之神波賽頓將之瞬間摧毀，城市的其他部分卻毫髮無損。菲亞市民非常識相，再也沒有重建神殿，也因為它被摧毀殆盡，光是修復工程是不夠的。此後，那惹神生厭的神殿遺跡數十年來都留在那裡——斷垣殘壁，荒煙漫草，一片淒涼。

在米頓判定任務難如登天，而遺憾地拒絕了埃及人的請求後，腦中閃過了這個當地的小故事。他一憶起這個神殿的廢墟，便立即趕往現場評估其潛力。幸運的是，菲亞是奧林匹亞的港口城市，而托勒密的派遣的特使當時已在城裡準備啟程，打道回府。米頓成功地攔截了特使，並提出將遺跡重新定位、重建為塞拉皮斯神殿的方案。

為了不讓自己的任務以失敗告終，托勒密的特使當然很願意好好考量此計畫的可行性。但是，有鑑於波賽頓生性好妒，又有大肆破壞的前科，除非明確地知道祂並不反對將自己過去的神殿遺跡打掉重建，建成一座供俸其他神的新神殿，計畫恐怕將窒礙難行。

波賽頓在伊利斯城邦的神殿並不是很多，當地主要供奉城市的守護神宙斯以及祂的妻子赫拉。然而，在伯羅奔尼撒南部的一個泰納隆（Tainaron）半島，座落著一座輝煌的海神殿。在那裡，米頓和托勒密的特使派人去闡述他們的計畫，想確定他們的提議是否能獲得海神的首肯。

不出米頓所料，波賽頓應允了這項計畫，祂很樂意地用神殿的斷垣殘壁換取以祂之名舉辦的高檔祭祀儀式。埃及人又支付了同等昂貴的費用以消弭伊利斯（Eleam）祭司以及議會因宗教問題而生的忐忑心情。議會成員高達五百人，米頓很好奇要花多少金錢才能說服每一位成員。這些前置作業就花了大把時間，他心中也十分肯定埃及人不會再給他更寬裕的施工期限。

很幸運，由於石料成本考量，將廢墟當作新建築的材料來源的處理方式並不罕見，所以米頓所提出的建議並不是什麼過於創新的變革。比方說，神聖的雅典衛城在波斯戰爭中被摧毀後，雅典人便將其廢墟中的瓦礫作為建築材料，運用於他們更新、更宏偉的設計中。至於於戰爭中倖存的建築則被重新利用，改造一番，使其與新設計和諧呈現。米頓有先例為證，也有埃及人的委託，還有在奧林匹亞的神殿基地，雖然此神殿目前還沒被移到正確的目的地，斷垣殘壁倒塌破損、殘破不堪就是了。現在，米頓只需要在創下紀錄的時間內速速將神殿運到奧林匹亞並重新組裝，一切即大功告成。

不出所料，由於該地屬於多利安希臘人的地盤，該神殿為多立克（Doric）式建築。米頓曾因成本考量而希望採用多立克柱式設計，此建築也恰巧屬於此風格，相較之下較不雕梁畫棟的多立克式神殿通常損壞程度較小，也較易修復。

例如，多立克柱的柱頭是樸素的石頭圓柱，它們負責支撐屋頂上楣樑的方樑。柱子或柱頭的任何損傷都能夠輕鬆以混有混凝土的大理石粉來補救，畢竟柱子爾後都會被塗上一層油漆。如果柱頭為科林斯式（Corinthian order），頂部就會雕有華麗錦簇的石葉，任何一片都可能在柱子倒塌時斷裂，修復工程將昂貴而費時。

重建神殿的另一個好處是，在希臘化時期，那些神殿各部位往往是成套的。也就是說，神殿的每個部分通常都是在開採原料的採石場附近建造的。畢竟，要將沉甸甸的石塊送到很遠的地方去，先行確保它們在目的地能夠合在一起才是明智之舉。

舉例來說，神殿圍牆的列柱圍廊（圍繞空間的有頂柱廊）是由一截截的石材組成，個個堆疊便成為完整的柱子。每一塊都有鑿在石頭上的識別標記供人們循序於廢墟中找到應使用的下一塊，在組裝完成後是看不到的。舉例而言，當最外面的左邊柱子的第一塊安放好後，米頓的下一個尋找的目標便是左邊柱子的第二塊，清楚明瞭。神殿所處的地基完好無缺，只需要一個個將石塊挖掘出來並用馬車接二連三地運走，並重新安置在新的地基上。米頓的工匠們已經在奧林匹亞開挖地基了。

從菲亞到奧林匹亞的距離約為兩百一十斯塔德（stades）（四十公里或二十五英里）。在最終神殿落成、重新啟用之前，它幾乎每個部分都需要修復和重建。這一系列的挑戰必須在九個月內完成，而他如果有足夠的人力和無限的資金，這個計畫並不是天方夜譚。米頓的使命就是確保它能在時限內建成。若是功敗垂成，他的聲譽和大好的退休前景都將隨之灰飛煙滅。

商賈

亞歷山卓雖然位於埃及，但卻是個不折不扣的希臘化城市，儘管城內逐年增加的猶太人可能並不太同意這樣的說法。亞歷山卓是約一世紀前由亞歷山大大帝所建的新城市，然而亞歷山大大帝卻未能親眼見到亞歷山卓的榮景，因為這位遠征大將軍下令建城後，隨即又踏上征途，最終死於遠在東方的巴比倫。

亞歷山大在世時未能再見亞歷山卓，但終究重歸亞歷山卓的眼皮子底下，彼此日日相伴。亞歷山大死後，他的遺體啟程返回位於馬其頓的故居安葬，但還未能送達，托勒密二世的父親（和他兒子一樣討人厭）便劫持了喪葬的隊伍，並將遺體帶回埃及置於亞歷山卓，不僅成為觀光景點，且不時昭告天下，表明托勒密王朝正是馬其頓希臘化傳統的繼承者。

對於商人薩基翁而言，亞歷山大的遺體遠不及他對黎凡特海岸泰爾的所作所為。泰爾曾毫不留情面地擋下亞歷山大的軍隊，因為城的周圍大部分環海，極為難攻，儘管終究還是失守，亞歷山大的遠征卻也在此耽擱將近一年，亞歷山大感到非常挫敗，因此將情緒全發洩在泰爾城上。

戰後的泰爾城橫屍遍野，僅剩斷壁殘垣，此前泰爾城可是十分風光，算得上是地中海文明的主要港口，匯集了東西方的貿易活動，而如今的泰爾城滿目瘡痍，經濟也一落千丈，兩洲的商人們急尋新的貿易中心，而亞歷山卓當之無愧，此處交易紅海運來的貨物尤為方便，甚至比泰爾城更適合作為國際貿易中心。

亞歷山卓不僅取代了泰爾，也取代了諾克拉提斯（Naucratis）。過去的幾個世紀，諾克拉提斯的港口都是希臘與埃及貨物、思想的集散地，這座海濱城市兼具埃及和希臘的特色，而現在，因尼羅河的克諾比克（Canopic）支流淤塞，航行受阻，也因亞歷山卓吸引了薩基翁等希臘最優秀且最具野心的商人前往發展，諾克拉提斯日漸沒落。

亞歷山卓並非是從雜亂無章的原始村落隨意發展而來的古老城市，城內規劃良好算是其另一大優點，希臘人非常擅長城市規劃（儘管他們聲稱城市規劃是由源自希臘，但安納托利亞（Anatolia）的許多古老城市其實也都規劃完善，故證明事實並非如此）。因亞歷山卓街道特別的設計，所以海風恰好得以拂過海港的大燈塔吹進城。

薩基翁躺在樓頂花園，享受習習微風，自從他沿著埃德福的河岸回到這裡，他就一直無精打采的。兩個禮拜前他剛回到亞歷山卓，為了慶祝重回希臘化的城市，他舉辦了一場小型宴會，並非討論藝術哲學的研討會，而是真正的饗宴，追溯回饗宴（symposium）的古希臘原意即為「一起喝酒」的意思。薩基翁和朋友們一起喝酒到深夜，隔日早上醒來時，薩基翁宿醉嚴重，久久無法恢復過來。

至少薩基翁不用去貝加蒙卸貨了，他的商船載著象牙，一到馬雷歐提斯湖的港口，埃及的宗教當局就徵用了船上的所有貨物（並給予豐厚的補償）。托勒密要在亞力山卓打造新的塞拉皮斯神殿（Serapeum），一部分的象牙要用於此，而其餘象牙，則由薩基翁負責運送到希臘，用於建造另一座位於奧林匹亞的賽拉皮斯神殿。

希臘的塞拉皮斯神殿顯然還在準備中，所以過去的幾天薩基翁忙著安排存放他的（或說現在是國家的）象牙，因為象牙是有機材料，不可隨意堆放在某個倉庫中，雖然不會有蟲蛀的危險，但太陽直射的話，象牙會變成淡黃色，令人不悅，而更重要的是，象牙具有吸濕性，如果將其置於潮濕的環境下，它會像一塊彎曲的白色海綿，吸收空氣中的濕氣，不斷膨脹變形，隨後，若將其置於相對乾燥的環境下，比如在沙漠中寒冷的夜晚，它裡面的水分會流失，但因極其不均，象牙表面會產生裂痕、裂縫，破壞其品質。

雖然花了不少時間，但薩基翁最終在市郊尋到了非常適合儲存象牙的場所，位於狄蜜特神殿的內殿，在那個中央房間裡，豎立著一尊不大的狄蜜特雕像，也是用象牙製成的，因為房間裡也擺著狄蜜特女神的其他供品，所以很安全，為了保持適當濕度，還擺了一個裝滿水的克雷特壺（Krater），而神殿的侍者會定期用橄欖油和杏仁油來擦拭象牙雕像，他們也同意之後會連同薩基翁的那些象牙一起保養，如此一來，象牙在薩基翁運送前可以保存得當。

不過，仲夏來臨前，薩基翁也不打算閒著，他忙著制定計畫，充分利用剩餘的冬季。有人從巴克特里亞捎信來說他正尋找最終買家來買一整船的絲綢，那批貨物已經駛離東塞琉卡斯帝國（Seleucid empire）（即今日的庫德斯坦）的阿貝拉（Arbela）附近的中轉站，這個消息可以安撫被薩基翁惹怒的貝加蒙商人，因為他之前承諾要向他們提供象牙，如今象牙卻被埃及當局徵用。

美索不達米亞沿岸動盪，因此阿貝拉的商人們決定這批絲綢要從底格里斯河運送，穿越敘利亞沙漠的綠洲，最終送達帕邁拉（Palmyra），而當春天來臨，海上航線重開，薩基翁會親自跟同僚在賽達（Sidon）接貨，隨後將帶著貨物前往貝加蒙。

貝加蒙是該克斯河（Caicus）入海口的海港城市，城市大部份是台地，比海平面高出幾百公尺，可以俯瞰整個港口，世界再也找不到一個城市像貝加蒙這般宜人的城市。對於薩基翁來說，這裡可是休養聖地，他在埃及南部有任何不適都可以來此療養。

里拉琴樂手

卡莉亞坐在公園的大理石長椅上，小心翼翼地打開她的琪塔拉琴。里拉琴的優點不勝枚舉，更別說卡里亞這把如此頂級的琪塔拉琴了，比起許多笨重的樂器，里拉琴方便攜帶，人們可以走到哪就可以彈到哪，不過並非所有環境都適合演奏里拉琴，卡莉亞此時就準備確認港口吹來的風是否太過潮濕，以致破壞她的琴弦。琴身有先上一層薄油，防止木頭吸收濕氣，不過琴弦是牛腸和金屬絲精密加工而成，像這樣的取用生物器官製成的配件根本無法避免濕氣。

不過這稱不上什麼大問題，只需根據環境來調音即可，這本就是卡莉亞來此要做的事。這座花園環境優美，在此演奏再適合不過，它與貝加蒙（Pergamon）的許多城市花園一樣，功能完善又不失美感，長椅上方的梨樹與石榴樹彎著枝枒，角落大盆裡種著一棵長勢喜人的小蘋果樹，在夏天，這些樹不僅供人乘涼，也會結出累累碩果，供人食用。

花園裡還有一個小巧的觀賞噴泉，不斷注水進池子，池子裡養著好些鯉魚，既可以減少蟲子，又可以端上桌子，多添一道美味。

卡莉亞嚐過鯉魚，因為她的雇主既然可以請得起樂手，也必定請得起頂級廚師，她覺得鯉魚很美味。當然，卡莉亞不會與雇主同時上桌用餐，一部分因為她不適合與男人一起用餐，而且她還要在主人用餐時演奏。

若主人舉辦饗宴，卡莉亞會以酒神調（spondeion）拉開序幕，此曲詼諧卻又莊嚴肅穆，賓客在音樂聲中灑祭酒，以敬想要尊崇的神明。因為卡莉亞的贊助人是富商，他們通常會拜荷米斯（Hermes），祂是商人之神同時也是騙子之神（過去仍分開為兩個個別的神職）。

卡莉亞來花園還有一個原因就是要創作專屬自己的酒神調，因為她想時常唱自己譜寫的歌曲，所以她選了一首耳熟能詳的旋律，整首歌聽起來很像荷米斯贊歌的翻版。下個月，她的雇主就要舉辦宴會宴請同事，她希望在那之前譜出悅耳的音樂。

卡莉亞不僅需要在宴會上演奏，她還要在一些高級音樂會上，重現許多偉大音樂家們最優美的抒情作品，諸如品達、赫爾默伊內的拉蘇斯（Lasus of Hermione）和凱奧斯島的西莫尼德斯（Simonides of Ceos）。

卡莉亞熟練地撥動琴弦，有時會停下來轉一下琴頭的弦鈕，轉緊就是高一個調，放鬆就是低一兩個調，不過不能過緊或過鬆，因為牛腸與金屬合制的弦只能在一定音域內調節，音高越高會金屬感越重。

卡莉亞某種程度上很認同畢達哥拉斯（Pythagoras），就是提出畢氏定理的哲學家（到底有誰要知道這個理論？卡莉亞很是好奇），他提出里拉琴弦震動的頻率與弦長成反比，這個理論對於卡莉亞更為重要；而他視音樂為函數，還提出五度相生律（perfect fifths），但這一點卡莉亞無法苟同。

五度相生律也許在南義大利有點影響，畢竟畢達哥拉斯是在當地研究音樂，不過，卡莉亞從過往經驗中得知音樂有民族、族群文化之分。正因為畢達哥拉斯認為音樂是數學的有聲呈現方式，所以完美的音樂應該雅俗共賞，就如蝴蝶翅膀對稱和花瓣那般令人愉悅；然而，卡莉亞卻不以為然，反例如，加拉太人喜愛歡快的、旋律驅動的音樂，他們就可以跟著唱（因為旋律一字在希臘文中本就是「唱歌」、「吟唱」的意思。），而居住在愛奧尼亞的希臘人則偏愛抒情詩，整首曲子隨每一節的詩歌詞定調，若愛奧尼亞的希臘人想要跟著與頂尖的樂器演奏家的音樂唱歌，聽眾可能會向他們投擲重物。另一位音樂理論家阿里斯多克賽諾斯（Aristoxenus）提出了一系列適合各民族的音階，像是豐富多彩的呂底亞調式（notes of the Lydian）、狂放不羈的弗利吉安調式（the Phrygian）以及空曠清透的多利安調式（the Dorian）。

總體而言，卡莉亞認同阿里斯多克賽諾斯，她認為與其根據數學的思路計算音階、音程，還不如靠感覺跟訓練有素的音感來自己調音。每個人都有視覺、嗅覺、觸覺、聽覺和味覺，而里拉琴也有類似的「四感」分別為音符、音程、音調、音高，正如有些人的視力好然而聽力卻不好，有些里拉琴可能音調良好但音高不佳，因此調音時必須要考量到其特性。

更複雜的情況下，卡莉亞可能需要根據演奏的場合調音，帕加馬當局與她簽訂了協議，因為當局不希望她的贊助人獨享世界級的音樂，根據合約，卡莉亞要在宗教遊行中演出，這種遊行也算是希臘公民生活中的一大特徵，在此場合下，卡莉亞彈奏遊行聖歌（prosodion）時，她的里拉琴必須要跟長笛和打擊樂器交相呼應。

卡莉亞因此想起希臘人的生活中處處有音樂，亞里斯多德（Aristotle）曾說：「星星移動時會譜出和諧的聲響……我們出生時便不絕於耳，所以我們才會認為星星靜默無聲，就像鐵匠每天打鐵，早已習慣鐵舖內的吵雜，所以便也感覺不出來。」正如他所說的，音樂是生活中的一部分，以至於有時候我們聽而不聞。

音樂圍繞著所有生命，此論述著實有趣，而卡莉亞在花園中撥動琴弦，不過是將故事從無所不在的音樂中抽離出來，經過加強並分段後，人們才可以重新聽到那些音樂。

第5章

二月

踏

ΔΩΔΕΚΑΤΕΥΣ ΠΡΩΤΑ
ΒΗΜΑΤΑ

農民

北風蕭蕭，空氣中瀰漫著凜冽的苦澀之感。伊菲塔正準備離開溫暖的爐火旁，去檢查穀倉後方的穀物桶。在這麼寒冷的天氣中，小牛會吃的更多，伊菲塔也必須小心的平衡牲口與農場工人之間的食物供給，讓大家都有足夠的穀物。到了春天，牲口與人力都是她不可或缺的幫手。不過當北風之神——冷酷的波瑞士（Boreas）將寒冷的陣風從科羅諾斯山一側吹下來時，所有的生物能做的事情只有蜷縮躲藏，靜待天氣好轉。雖然眼下看似無用，牲口們仍然繼續進食，就像那些鐵匠舖裡圍著火堆閒嗑牙的人們一樣，他們本該幫馬具上油，並且確保一切在來年開春都準備好迎接辛苦的工作。

伊菲塔嘆了一口氣，準備離開溫暖舒適的農舍。隨著年齡漸長，自小困擾著她的風濕症所帶來的痛楚也越發明顯。她提醒自己，下次到村裡市集擺起來的時候，要記得到草藥醫師那裏再拿一些柳樹皮藥水。

現在，她抵禦寒冷天氣的方法，就是挑一件柔軟的羊羔毛大衣穿上，這是她年輕時自己做的，把厚羊毛與薄經紗織在一起，形成密實又防風的織線。夏天隨意塞進的雙腳，現在則小心的裹在氈布襯底的牛皮靴裡，她的頭髮整齊的塞進能抵禦嚴寒的毛氈帽裡，形狀剛好搭配她捲曲的髮絲。

這位農婦沮喪的檢視著早晨天空中掠過的烏黑厚積雲，接著在門口停下腳步，取下一件有牛筋縫線的小羊皮斗篷，外層塗有一層鵝脂。伊菲塔踏出門外，這樣子的穿搭就足夠溫暖又防水，能夠抵擋一切，除了大規模的降雨。

這是最艱苦的月份，農作物都在田野間努力的向下扎根，飢餓的鹿會從灌木間偷溜出來，在日出時分較晚的黎明來臨前，摧毀新抽的嫩芽。就連母雞下的蛋也減量了，而新懷孕的母山羊，乳房也尚未脹滿乳汁。每當夜幕低垂，伊菲塔都會瞇起眼睛緊盯夜空，渴望一眼瞧見地平線升起的大角星，因為這顆恆星的升起也就意味著冬季最難熬的部分即將結束，隨著這個春天的初兆，也意味著該是時候修剪園裡的果樹和修剪葡萄藤了。

如果她把修剪葡萄藤的工作留到第一隻燕子飛回來的時候，藤蔓就會把珍貴的養分都浪費在即將長成樹枝的新芽上面，到時候這些樹枝都會被修掉。

從穀倉回來的路上，奧林匹克場館那頭傳來的喧鬧吸引了伊菲塔的注意。對於即將到來的運動競賽來說，現在就開始準備似乎稍嫌過早，不過某個祭祀新出現的埃及神的神殿，倒是在冬季裡最糟糕的時間點喧鬧嘈雜的開始大興土木。既然家裡等待伊菲塔的只有家務活：一些無聊透頂的編織以及補補幾件褪色的工作衫，她很樂意放縱自己的好奇心，往場館的方向閒晃過去，準備一探究竟。

不過，肯定是某些嚴重的事，因為伊菲塔看見了幾位身著彩色斗篷的貴族，也聽見了祭司的頌唱聲。於此同時，一大群工人也正忙碌的將某樣物品扛到通往希拉神殿的路上，大部分的喧囂都集中在這個地點附近。運送物資的牛車正耐心的等在場館的大門邊，駕駛在必須讓這些牲畜在踏上佈滿泥濘與坑洞的道路回到城鎮前，先好好休息一番。（古希臘的道路通常都僅作為步行用途居多，就算是經常被使用的大馬路，也總是會看見輪型車輛在上面寸步難行。）

伊菲塔與其中一名駕馭攀談了起來。即便禁止女性進入神聖場館的習俗只有在奧林匹克競賽開始時才會嚴格的執行，對於伊菲塔而言，留在外面仍是比較得體的做法——諷刺的是，伊菲塔知道，其實在眾多女性止步的神殿當中，有一座供奉的正是萬能天神宙斯的老婆希拉女神，沒有意外的話，希拉本身應該也是女人沒錯吧？而且，每四年一次，供奉在神殿裡的塑像會換上伊利斯當地的婦女為女神織的新袍子。這些袍子都用亞麻織就，象徵著有了女神的偏愛，才讓亞麻生長在伊利斯，而非希臘本島的其他地方。

當然，奧林匹克競賽也禁止女人參加，不過伊利斯的男性也不能夠來觀賞希拉亞（Heraia）賽事。這是僅有女性可以參賽的運動競賽，通常比男性為主的奧林匹克競賽早兩年舉行，這也是唯一女性可以使用場館區的時候。伊菲塔從來都沒有下場比過運動賽事，因為她結實的身材實在不適合賽跑，特別是所有賽事又幾乎都是女孩跑步競速為主——皆為處女的女孩們放下頭髮，穿著短到不行的束腰外衣彼此較勁。不過伊菲塔仍然是希拉亞賽事的一份子，身為地方上受人敬重的地主，她受邀列席，成為評判參賽者資格的評審之一，同時也負責為賽後結果做出裁決。

當這些場合的評審，面臨到的問題就是要做好參加儀式性合唱與舞蹈的準備，這些神聖儀式是用來讚頌運動賽事的創辦人——希波達彌亞與菲斯科亞。希波達彌亞是珀羅普斯的妻子，而伯羅奔尼薩半島也是因為珀羅普斯而得名；菲斯科亞則是一位伊利斯當地的女子，她是酒神迪奧尼斯的鍾愛的情人。說來丟臉，伊菲塔自認缺乏好好跳舞所需的優雅風範，她覺得守寡的好處之一就是她在這些日子裡不需要參加任何活動——因為裁判必須要是婚姻健全的婦女。

女人可以在希拉亞賽事舉辦的時間進出神聖的場館區，因為希拉的神殿正是賽事的中心。沒有人能確切說出神殿建造的時間，但可以確定的是，這座神殿已經很老、很老了——實際上，可能比奧林匹克競賽開始舉辦的時間還要老。有兩個清晰的證據可以支持這個論點，首先，希拉的塑像是以一種粗獷的古老手法雕塑而成（或被稱為 agalma，是「偶像」的意思），呈現的是眾神之后坐在她的寶座之上，而她的夫君穿著頭盔、蓄鬍，站在她的身旁。其次，用來支撐神殿拱門的柱子是木頭做的，而非近幾世紀常見的石柱。這些木頭柱子顯然十分古老，風化的樹幹讓木柱扭曲變形，甚至出現裂痕，必須小心的綁上金屬環才能讓這些柱子繼續完成他們的使命。

當然，儘管對這些柱子再怎麼百般呵護，一旦濕氣滲進裂縫，木材就會從裡面開始爛到外面，最後別無他法，只好把爛掉的木頭柱子換成石柱。過去的大約九個世紀，這座神殿仍矗立於此，大概有三分之二的柱子都被換過了，而這些材質迥異的柱子見證的，正是隨歲月更迭的建築工法。現在，又有一根柱子被換掉了——還舉行了盛大的置換儀式，因為一個世紀中，這樣的事件只會發生一兩次。透過與牛車駕駛聊天，伊菲塔獲取了上述的資訊，這個男人正等的無聊，樂得和她打開話匣子消磨時間。不過，農舍裡還有雜活在等著伊菲塔，所以她只好先行告退，並且暗暗告訴自己，稍後一定要偷溜進去神殿，瞧瞧翻新工程進行的如何。

使節

身為凡人，能有機會與神祇共度下午並非常有的事，因此珀色烏斯一回到房內就命令僕從端來一杯酒，好讓他能細細思忖今天的遭遇。首先，眾神的外貌看起來應該更加……神聖，而非像一般的凡夫俗子。當然，全能的天神宙斯為了滿足一己之慾，確實曾多次偽裝成凡人，以便迷惑不幸的名門千金或良家婦女。但倘若珀色烏斯今天遇到的安條哥二世真是天神的化身，那這副偽裝真可說是天衣無縫。

我們的馬其頓使節所拜訪的這位男人（亦可能是男神）正值而立之年，他的身材精壯，有顆大鼻和一對凹陷的眼窩，他的眼神怨忿不平，彷彿一條未獲得應得獎賞的獵犬般。安條哥二世過早灰白的頭髮以絲帶盤成髮髻，但卻未能遮掩他頭頂一處日漸稀疏的頭皮。雖然就美感層面而言是個徹底的失敗，這條髮帶仍有其重要性，因為它屬於冠冕的一種，象徵佩戴者獨一無二的重要性，並使安條哥二世在希臘化帝國的眾多君主中脫穎而出。

珀色烏斯必須努力提醒自己，才不會誤稱安條哥二世為「小安條哥」。這背後的原因有二：其一，他與小安條哥的父親安條哥一世熟識；其二，珀色烏斯侍奉的馬其頓君主戈努斯的安條哥二世（Antigonus Gonatus）年紀是安條哥二世的兩倍。然而，安條哥二世絕對是卓越超群的角色，年紀輕輕的他已經是有史以來最大王國的統治者，至少等他成功奪回帕提亞（Pathia）和巴克特里亞（Bactria）這兩個叛亂的總督轄區後，他將會成為統治者，因為目前這兩個轄區在新任領導人的統治之下，表現得相當我行我素。

或許有人會感到納悶，這個男人失守了自己父親帝國將近四成的土地，怎麼會有資格被稱為神？這一切都要歸功於米利都（Miletus）全體人民。米利都是一座位於安納托利亞高原的希臘化城邦，座落於以其蜿蜒河道著稱的邁安德河河口（River Meander，今稱作「門德雷斯河」）。塞琉卡斯王朝最近一次和埃及的托勒密二世爆發戰爭時，像米利都這樣的城邦是關鍵因素，有利於一國之君鞏固愛琴海的控制權。當時米利都的統治者是位「暴君」，在希臘化時代，原本「暴君」一詞指的是那些經由非正統管道登基且受軍隊擁護的君王，但米利都的這位暴君可是名副其實的暴君，以至於當安條哥二世將他趕下王位時，人民無不感到如釋重負。然而，安條哥二世這麼做只是因為這名暴君支持托勒密，並不是出於什麼人道主義或利他思想。

由於米利都距離王國的中心敘利亞相當遙遠，兵力不足的安條哥二世鞭長莫及，因此他特許米利都組織獨立政府，而這一政策讓原本已經歡天喜地的當地人民更加喜出望外。米利都人開心到將安條哥二世視為神明崇拜，甚至興建神殿並舉辦體育盛典來紀念他，安條哥二世龍心大悅並決定將他的個人崇拜推廣到帝國其他角落，但成效不彰。

珀色烏斯非常慶幸自己是在首都與安條哥二世會面，因為十天之前這位君主才剛從戰場返歸，要不是因為這樣，珀色烏斯可得忍受滿是蠍子的沙漠和克難的帳篷，而不是像現在下榻西爾皮烏斯山（Mount Silpius）上的城堡，並待在舒適的房間裡。然而，另一項不怎麼值得高興的消息，便是安條哥二世返國的原因，這位一國之君又有子嗣了。

安條哥二世已經是三個兒子的父親，只不過這些兒子都是前妻勞迪絲（Laodice）的孩子。為了讓位給新任妻子，安條哥二世拋棄勞迪絲，使她怒火中燒。安條哥二世的新歡貝勒尼基（Berenice）是個狠角色，性格暴躁易怒的她絕對是安條哥後來養成卑躬屈膝習性的原因之一。

根據安條哥和托勒密的停戰協議，如果貝勒尼基生下男孩，他就會是塞琉卡斯王朝的下任繼承者，這一走向勢必使帝國向埃及靠攏並疏遠其與馬其頓的關係。珀色烏斯此行的目的就是要破壞塞琉卡斯和埃及之間的協議，並維持塞琉卡斯與馬其頓的友好現狀。珀色烏斯之所以受到熱情款待，是因為他的到來提醒了安條哥二世自己的家族與馬其頓王國的關係——珀色烏斯帶著禮物以及書信前來，而寫下這些信的不是別人，正是安條哥的姐妹斯特拉托妮可，馬其頓下任繼承人德米特里二世（Demetrios）的妻子。

珀色烏斯站在窗邊，心不在焉地啜飲著杯中的美酒，兩眼端詳著山城之下滔滔不絕的歐朗提斯河（River Orontes）。不幸的是，在希臘化時代，外交政策總是和君王的個人特質以及私人關係密不可分。舉凡兄弟鬩牆或是嫁妝的份量，這類議題光是在最不起眼的農民家庭都能掀起一番風波，更何況是國與國、王與王之間的人際糾紛？那可不是在穀倉你一拳我一腳就可解決的事，這類的衝突，唯有率軍進城燒殺擄掠一番才能化解。

火上加油的是，簽訂條款和盟約的是君王，而非國家。舉例來說，據傳托勒密二世最近龍體欠安，而一旦他不幸駕崩，他曾經和其他君王簽訂的條約將一筆勾銷，因此外交使節必須不厭其煩地向王國的新任領導人重新締約。倘若塞琉卡斯王朝的統治者逝世，繼任者必須立刻動身前往帝國各處，重新接受各小國君主宣示效忠，而這麼做的同時通常會帶上軍隊，如此一來更具說服力。

有時候這種面對面會談的習俗會帶來意外的收穫，舉例來說，珀色烏斯就相當期待他安排在明天的另一場面談，一位來自印度這片神話大陸的使節將前來與塞琉卡斯王重新締結條約。

馬其頓與印度本來沒什麼交集，因此兩位使節在塞琉細亞的會面能讓他們互相打探對方的底細。富裕強盛的印度當年成功抵擋了亞歷山大無堅不摧的軍隊，因此珀色烏斯迫不及待想進一步了解這片有著大象和孔雀的神秘國度。至於這位印度使節，他則想一窺野蠻又陌生的西方世界，並認識地中海周遭錯綜復雜的文化。

這名印度使節所代表的君主是阿育王（Asoka）。阿育王早年長期浴血奮戰並企圖統一分裂的印度半島，然而，據傳就在這位嗜血君王將要完成霸業時，他忽然對殺戮和戰爭感到噁心，轉而尋求佛教信仰所應許的和諧與平靜。

阿育王秉持著初皈依者的熱忱，全心全力弘揚佛法，珀色烏斯非常期待能從使節口中聽聽這件事。據珀色烏斯所知，佛教沒有神明崇拜，因此他很期待看見塞琉卡斯王聽聞這個新奇點子時的反應，畢竟安條哥二世可是那個希望全國人民都將自己當作神來膜拜的男人。

逃奴

日落對於珀色烏斯這種使節來說是一天結束的象徵，但對逃奴瑟拉塔來說卻不具這般涵義，她現在身處米拉斯城及赫拉克利亞城之間，距離哈利卡納索斯西北方足足有數百英里之遙。坐在簡陋木凳上的瑟拉塔正努力整理眼前大量的乾燥葉片和草本，她必須在太陽完全下山前將植物分門別類後呈給老師審查。在那之後瑟拉塔會就著燈光一路工作到深夜，不斷研磨、熬煮、調劑各種藥材，並在睡前將作品擱置一旁以供檢驗。種種工作難度高負荷重，瑟拉塔有時覺得自己在雅典做奴隸時都還沒這麼辛苦。

可惜瑟拉塔是迫於情勢才離開哈利卡納索斯，她十分喜歡哈利卡納索斯的種種，也享受喬裝成青春期頑童時的無拘無束。儘管瑟拉塔知道自己只是暫時流亡此地，也打算在春季來臨前離去，但一場突如其來的意外卻讓瑟拉塔不得不更改計畫，她與一個年紀相仿的男孩嘻笑打鬧時不慎扯開斗篷，就此露出脖子上的野馬刺青——希臘男孩罕有紋身，然而奴隸不論在籍或逃逸身上大多都有刺青，所以男孩和旁觀的大人都在目睹刺青後大聲質問瑟拉塔，而瑟拉塔只能在一片責問聲中逃之夭夭。

事發當時，平時會指派瑟拉塔庶務的魚販妻子正巧在市集採購草藥，且與這位販售生藥的草藥師同行相談甚歡。這位四海為家的草藥師會在小亞細亞沿岸的希臘城市間走動，而她先前的學生因不堪負荷而逃逸，所以現在剛好需要一位新

古代草藥學

希臘化時代的希臘醫學集迷信、民俗信仰及謹慎客觀的科學治療於一身，其中最講究的非草藥學莫屬，這種學問探求各種植物對人體新陳代謝的影響，且有逾千年實證經驗做為理論基礎，不管是以柳皮緩解的輕微頭痛，或是以烏頭搶救的猝死患者，皆屬草藥學研究的範疇。根據記載，遙遠的爪哇島上所生產的草藥和香料就是在希臘化時期一路西傳，而青蒿很可能就是在此際傳入希臘化世界。

的學徒。

不到三天瑟拉塔便離開哈利卡納索斯，這次她重回女性身分並以草藥師歐多西亞的孫女自居，歐多西亞是位來自弗呂家的枯瘦老太太，極度熱愛討論八卦及享用紅酒。兩人現在正與一個商隊同行，該商隊剛從巴克特里亞外的異鄉野嶺取得絲綢及香料，目前在安納托利亞地區的市集銷售貨品。

歐多西亞的職責是在旅途中調製藥劑，隨後發放給拉車的騾及駕車的騾夫強身健體，她會要求瑟拉塔前往路途中的特定地點採集某種藥草。瑟拉塔發現草藥師常常要自己尋覓深綠色的刺山柑花蕾，也就是歐多西亞製作醒酒藥的原料。

即便歐多西亞會在瑟拉塔出發前仔細解說植物的特性，採集草藥仍是件困難的差事，因為瑟拉塔還得注意每種植物不同的生長地點與採摘時機，比方說有些生長在山坡或草原的藥材只能在晴天時採摘，所以瑟拉塔有時根本無法動身採藥。

有次瑟拉塔透過纖細的綠葉認出長在路旁的海茴香，由於海茴香不僅是效果顯著的利尿劑，還能夠防止腸胃脹氣，所以瑟拉塔便滿心雀躍的將滿手的海茴香連同她受命採摘的其他藥草一併帶回商隊，然而最後她卻大失所望，因為海茴香只有在夏季尾聲種子能榨出油時採摘才具有藥效。瑟拉塔最後只好這些不具療效的海茴香送到商隊廚師的手上，讓廚師在撒鹽水煮後製成美味的醃菜。

若想成為一名合格的草藥師，瑟拉塔必須要能一眼分辨區域內五百多種藥草的外觀及效用，此外還得學會辨認另外八十多種形似藥草卻具有一定毒性的植物。大抵來說，瑟拉塔目前所處區域內生長的植物，每十株約有一株可以入菜、入藥、又或是兩用。儘管瑟拉塔對草藥的見識尚淺，但對現在的她來說普通的鄉間小徑都因為生長的植物相異而變得獨特。

心煩意亂的瑟拉塔將一束義大利毒藍薊（風濕病藥膏的主要成份）擱在一旁，目前看來瑟拉塔除了成為一名草藥師似乎也別無選擇，儘管她思索著當初偽裝身分時是不是挑錯職業，擔任草藥師還是有不少好處——草藥師通常都是由色雷斯人、迦帕多加人以及弗呂加人等異域居民擔任，而草藥師是種神秘兮兮的職業，所以大多在執業時也會以面紗或斗篷遮掩自己。

打個比方，常常會有客人忸怩地向草藥師索取春藥——也就是能夠催情的藥水，這種藥水是瑟拉塔的師傅以紅酒、仙客來、及曼德拉草調製的藥劑，若藥水成功發揮效用，不久後便會有更多神情羞赧的女子來索取一種由油瑞香製成的避孕飲品。有時也會有顧客以「毒殺犬隻」為由暗示要購買附子草，然而這種能夠取人性命的藥草若遭惡人濫用，則出售附子草的草藥師很可能會被視為共犯，所以草藥師會把這類客人攆走並告知他們莫再光顧。由此可知，交易藥草其實得承受不小的風險，所以草藥師往往基於各種理由不願意拋頭露面，這點倒是如瑟拉塔所願。

真要說起來，瑟拉塔替收留自己的「姑姑」工作時絕對比現在輕鬆的多，因為她在哈利卡納索斯時只是在前院簡單挑揀及混和藥草，但是現在歐多西亞太太可不只是想要提供逃奴庇護，而是鐵了心要將數十年所學盡數傳授給瑟拉塔。不過這位熱愛八卦的老太太這次卻一反常態，不僅想盡辦法避免問及瑟拉塔的身世，還會在深夜時分喝上幾壺廉價的伊卡羅斯酒之後，對著瑟拉塔大肆暢談她年少時在弗呂家的生活還有家庭狀況。瑟拉塔被迫聽了好些夜晚的故事後才終於恍然大悟，歐多西亞這是在為她建立身分背景，倘若未來有關當局對瑟拉塔的來歷有所懷疑時，這些故事細節便能派上用場。她也明白看似裝瘋賣傻的老草藥師骨子裡其實聰明絕頂。

瑟拉塔調製的藥劑今晚大概沒辦法通過歐多西亞的驗收，而瑟拉塔屆時也會全神貫注的聽從草藥師的指點，因為老太太在只有在第一次犯錯時會充滿耐心的講解更正之道，若同樣的錯誤再犯，則歐多西亞不僅會厲聲斥責瑟拉塔，還會用自己拄著走路的多節就拐杖抽打瑟拉塔的腳踝。瑟拉塔在熬過一個艱難的夜晚後往往得一跛一跛的走回自己的帳篷，有時也會納悶歐多西亞的第一個學徒到底要怎麼逃跑，因為她現在根本連好好走路都有困難。

瑟拉塔明天凌晨時會起床前往吹著海風的懸崖邊工作，因為懸崖附近能找到敘利亞大黃，這是一種有助緩解潰瘍、痔瘡和便秘的內服藥草，主要生長在能夠躲避強風的岩石縫中，而岩坡上也有熬成湯藥可舒緩腎臟痛的歐洲苦草可以採摘。最後瑟拉塔會在藤籃裡集滿足量藥材後才會坐下來享用一大塊麵包和起司，等著騾車隊追上她。

瑟拉塔會將採集來的藥材攤在師父面前，而歐多西亞通常會指出那些在不適當的地點及時機採摘的藥草熟度不對，隨後她會向瑟拉塔展示運用正確方法採摘的藥草樣本，若瑟拉塔那怕只是漏採其中一樣珍貴藥草，就別想著吃午餐了，因為她得趕回懸崖邊重新採摘那些缺漏的藥材。到了下午瑟拉塔得觀摩歐多西亞備料，學習藥草的知識、功效以及調劑方法。夜晚則是瑟拉塔的用功時候，她會趁著此時重新梳理今日所學。

日子很快便一天天過去，瑟拉塔有時候會不解為什麼在雅典遭女主人鞭打時，滿心都是憤怒與怨恨；而今歐多西亞大力地抽打她的小腿時，她卻只因為又一次讓師父失望而只感到些微的沮喪及懊悔。

短跑選手

短跑選手西米洛斯未婚，不過即便他已婚，夫妻關係也不會如他與體能教練（私人教練）那般親密。事實上，許多運動員行房的時間跟頻率經常是由體能教練決定，而他們的妻子都因此感到煩躁。

然而過去並非如此。據說從前的運動員只在河裡或是泉邊洗澡，他們習慣睡在地上或是從田裡搜集的麥草上，吃的是大麥麵包及未經發酵的粗小麥麵包。運動結束後，他們都會用野橄欖油擦拭身體。

約莫四百年前，西西里島的埃庇卡摩（Epicarmo）徹底翻轉運動的觀念，他認為透過訓練、準備，可大幅提高運動員的先天能力，而斯廷法羅斯（Stymphalos）的德洛米斯（Dromeus）就是最好的例子，據說這位長跑選手從未嘗過敗績，「練習」可說是當時的作弊技巧，德洛米斯靠著反覆練習，橫掃皮提亞運動會（Pythian Games）、依斯米安運

希臘體育場

由於地中海沿岸的文明普遍反對在公眾場合裸體，而裸體在希臘體育場卻少見多怪，所以體育場自然成為希臘的象徵。現今的體育場通常是密閉空間，空氣中往往汗味瀰漫，而希臘體育場則採露天，並由一些更衣室及淋浴間等建築和樹木環繞。雅典等地的體育館上午都會開放給學生運動、角力以及從事學術研究，希臘人堅信頭腦與身體都需要鍛鍊，因此哲學家以及修辭學老師也時常光顧體育館，如蘇格拉底就十分喜歡在體育館閒晃，隨處與人辯論，而他的學生柏拉圖創立學校後，更以自己最喜歡體育場「研究院」為其命名，也因此如今「研究院」才與知識及文化更息息相關。

動會（Isthmian Games），以及尼米安運動會（Nemean Games），同時德洛米斯也在自己的日常飲食中加入許多肉類，而其他運動員則僅會偶爾吃些新鮮乳酪。

因此如今大家都認為必須經受艱苦的訓練，才可能參加奧林匹克運動會。幸虧多數體育競賽所需的能力也都是戰士應戰所需，所以各個自許為城市的聚落都設有體育場供人訓練。由於「體育場」這個名詞於古希臘文中的原意為「裸體運動」，所以女人們一般未經許可不得入內，唯有斯巴達人一如往常總喜歡特立獨行，因為他們認為強健的體魄之餘年輕男女都十分重要。

因為西米洛斯拒絕成為克里特居民，所以一旦他從體壇退役，便可能在體育場擔任常駐教練，正如他現在暫時在林多斯（Lindos）的體育場所擔的職位。

各城市對奧林匹克獎牌得主大加讚賞，然而大眾十分健忘，許多故事中曾經風光的冠軍得主都已老態龍鍾，只能身著破舊的斗篷蹣跚而行，被人們拋諸腦後，運動員若想要避免這種下場，最好是在即將退休之際，與體育場簽訂一份豐厚的合約。此時就有許多城市都很樂意聘請西米洛斯到當地最有名的體育場擔任首席教練。

西米洛斯拜讀過柏拉圖的著作，一方面是因為他的教練相信體魄強健與頭腦清醒相輔相成，另一方面，他也發現許多偉大的哲人都描寫過許多轉職成教練的知名運動賽事冠軍。柏拉圖曾受教於西西里島的埃庇卡摩門下，因此他也主張嚴格的訓練是在運動競賽中取得勝利的根本。

西米洛斯時時心繫著退役後的職涯發展，因此他接受教練指導時，不僅會關注內容，也注意教法，當然，對於私人教練的選擇，西米洛斯只選最好的，不僅如此，他的教練為他準備的並非簡單的訓練方案，而是一套仔細研究他的身心狀態後為他量身定制的訓練制度。運動員在訓練初期受傷十分普遍，一名好的教練必會詳實紀錄，盡力避免選手再次受到同樣的傷害，並協助強化傷肢。

簡言之，好的教練必須精通部分生理學、人體生物學、人體工學以及運動醫學，而教練的付出也往往都回得到相應的回報，因為所有人都認為教練之於運動員的勝利絕對功不可沒。偉大的抒情詩人品達（Pindar）在他的詩中提及運動員取得勝利時，往往會同時提及他們的教練，的確許多運動員在為自己的紀念碑題字時，必會好好為自己的教練歌功頌德。教練與運動員可謂是共同為榮譽而努力。

此時此刻，西米洛斯已在體育場邊的門廊報到，他沉重地記錄下今天的訓練內容，教練用河裡的泥沙為他鋪了約兩拃厚的細長跑道，顯然要著重訓練耐力與呼吸控制。西米洛斯必須在腳踝沒入泥沙的情況下來回快速奔跑，直到精疲力竭為止，這與前四天的訓練截然不同，前幾天教練要他做仰臥起坐、伏地挺身、輕量舉重，最後接著長泳。若教練按照安排好的的日程訓練，那接下來的四天內，西米洛斯就會開始訓練短跑，到時候就會盡可能模擬真實比賽的情況練習。

西米洛斯在泥沙路裡訓練時，低聲咕噥，咒罵不斷，此時他唯一的慰藉便是今天的晚餐後可以多喝一瓶酒。西米洛斯在泥路裡跑得大汗淋漓，而他的教練與其他教練一樣都認為，酒裡的毒素可以隨著汗水排出體外。

教練看上去是在虐待西米洛斯，想耗盡他的體力，但是西米洛斯深知，自己跑步的時候，教練時時仔細觀察著他的膚色、呼吸，以及是否跑得協調，一旦西米洛斯的呼吸不均，教練就會讓他休息，但如果教練覺得西米洛斯是故意打亂呼吸節奏，那西米洛斯可就慘了，休息過後他的訓練就會翻倍。

早晨的訓練固然艱辛，但西米洛斯仍然勤奮，原因有二，其一是根深蒂固的信念，他深信只有如此，他才可以在奧林匹克運動會奪冠，並享受榮譽；其二，苦盡甘來的滋味是再甜美不過。

「訓練後」的快感是一種極致的愉悅感，即便對於一個從未經歷過瞬時放鬆的人來說，亦是如此；而對於那些曾經歷過如釋重負的人來說，那種感覺讓人飄飄欲仙，西米洛斯肯定經歷過。一系列的呼吸訓練都是為了減輕西米洛斯的心臟負擔，訓練完畢，他就可以躺在一張冰涼、拋光過的桌子上，按摩師輕輕地用一支又小又彎的擦身器為他刮去汗水與污垢，接著為了放鬆原本緊繃、沾黏的肌肉，按摩師還會為他深層按摩，西米洛斯則會像娃娃一樣癱軟無力，就連走到體育場旁邊訂製的洗浴設施都有些困難，不過他都會在氤氳的蒸氣室待上許久，舒服到昏昏欲睡。

之後，西米洛斯則會泡在到涼爽的池子裡，最後結束會在附近的河裡暢快地游來游去，游完便享用姍姍來遲的午餐，新鮮的蔬果跟堅果，以及一大塊薄鹽火腿。午餐後，西米洛斯則會癱躺椅上，曬一兩個小時的日光浴，待太陽落山後，他就會一個人躺在床上，因為他的教練相信運動員不用訓練的時候就應該休息或是睡覺，還有力氣做其他事情就代表他訓練不夠努力。

第6章

三月

踏

ΥΚΛΕΙΟΣ ΠΡΩΤΑ
ΒΗΜΑΤΑ

新娘

所謂的合約，應該取得雙方一致的意見，這表示甲方手中握有乙方想要的東西，而甲方也願意按照合約中列出的條件交出物件。讓我們這麼說吧，來自伊利斯城邦的卡里彼底斯欲娶回少女艾菲雅，在條件都談好的情況下，艾菲雅的爸爸就會願意把女兒交出來（實際上，從艾菲雅的角度看來，她爸爸不只願意把她嫁出去，甚至巴不得越快越好，這樣的嘴臉讓她覺得噁心。）

艾菲雅該嫁給誰這個問題，在艾菲雅的姊姊來訪而卡里彼底斯無預警回到屋子裡時就迎刃而解了。堅信屋子裡沒有旁人，四個年輕女子便圍著庭院裡的噴泉跳起舞來，跳的還不是什麼過氣的舞蹈，而是寇達斯舞（cordax）——這組迴旋的舞蹈動作會在較粗俗的喜劇裡由演員呈現。實際上的舞蹈動作則包含以淫穢的方式搖屁股、旋轉臀部並且拍打彼此的大腿，通常這個動作都會引得參與者們哄堂大笑。

沒人發現卡里彼底斯在歡騰的嬉鬧中進入屋內，並且安靜的在門口停留了將近一分鐘這麼久，彷彿被雷擊中般呆站在那裏。姐妹們的其中一人發現了他，於是女士們咯咯笑著逃回了自己的住所。當晚卡里彼底斯就懇切的向艾菲雅的父親傳達了他想要娶艾菲雅為妻的意願，至於嫁妝的細節則是小事一樁。

好吧，或許不完全是件小事，因為誠如卡里彼底斯有點尷尬的告訴自己的東道主，他那遠在伊利斯城邦的母親個性較為「鮮明」，所以如果他回家時沒有象徵性的帶回一點錢，一進門就會受到母親大人不絕於耳的叨念。更不用說，大家都知道做足面子的嫁妝不僅對卡里彼底斯有好處，同樣的也對艾菲雅有利。首先，艾菲雅這位猴急的追求者也並不是特別急需用錢，畢竟有能力休假一年到雅典念哲學的人，家裡鐵定是不缺錢。

再說，如果這段婚姻最後因故中止，而艾菲雅最後離了婚或守寡，這筆嫁妝會歸還到她手中，成為她的保護傘，幫她抵禦這殘酷的世界。不過卡里彼底斯也再三向她父親保證，這些事輪不到艾菲雅去擔心，因為受到這個城市的商業機會吸引，雅典有著大量的外邦人口（古希臘文中的異邦意為「遷徙家園之人」），有些外邦人甚至已經在雅典住了好幾代。長期住在城市中讓他們在公民社會中得以被認可，這件事說來也不算意外，畢竟外邦人就佔了非奴隸人口數的四分之一左右。

光從親生兒子談及她時誠惶誠恐的態度看來，這位素昧平生的準婆婆已經讓艾菲雅開始擔心了。話雖如此，姐姐們還是消弭了她心中部份的疑惑，她們向她保證，有一

雅典裔外邦人

大多數的外邦人都是希臘人，雖然其中也有零星的腓尼基人與埃及人，社會階級也各有不同，從恢復自由身的奴隸（奴隸則大多都不是雅典人）到超級有錢的商人都有。為了享有據住在雅典的特權，外邦人必須付出額外的稅金，而那些參與商業活動的人們似乎又有義務負擔更多稅務。外邦人無法擁有土地、擔任陪審團或公職，不過他們與雅典人一樣，都有權利請求法庭作出裁決，也有義務服兵役。

個習慣聽命於女人的丈夫會為她帶來很多的好處。最後關頭，一切都聚焦到這個問題上：艾菲雅的爸爸準備付這位來自伊利斯城邦的陌生人多少錢，好讓他帶走這個多餘的女兒呢？

然而，這個金額仍必須達到嫁妝的最低標準，就算法律上沒有明文規定，就憑這是約定俗成的社會禮儀也必須遵守。一個女人的嫁妝在大眾的認知裡反映了她在家庭中的地位，以及她在家庭事務中的影響力。一般來說，妻子的嫁妝必須要是丈夫總財產的數量的百分之十，不過眾人也都心知肚明，這個門檻對於艾菲雅來說恐怕還是太高了。

另一方面，透過與艾菲雅的婚約，卡里彼底斯的家族得以鞏固分別位於伊利斯城邦與雅典兩個家庭間的深厚情誼。雖然卡里彼底斯本人可能不太管這件事，艾菲雅的父親倒是挺上心，畢竟如果家裡能多一位熟悉雅典商業事務的內行人，客人那位令人聞風喪膽的母親可能會很有興趣——例如，替她農場產的頂級羊奶起司找到獲利頗豐的零售據點。

因此，艾菲雅的父親非常希望這場婚禮可以順利進行，特別是卡里彼底斯才宣布自己有意願留在雅典繼續他的學業，至少待到這個夏季的尾聲，這表示，他的女兒將會住在附近，也會有自家人來幫她適應新婚生活的過渡期。

在客人宣布自己的來意後，艾菲雅便靜候她的父母詳細檢視家中經濟條件，以便達成協議。換句話說，如果她媽媽那邊的家族允許，艾菲雅的嫁妝便會是當初她母親結婚時的那一份：一組精緻的金飾與稀有的寶石。這些東西在過去三十年裡都被放在婚床房的保管箱裡，沒有人動過。接著，在往後的日子裡，這份嫁妝也會被取代，因為艾菲雅的父親已不再年輕，當艾菲雅的母親成為寡婦，正是這份嫁妝派上用場的時候。

對於這一切，卡里彼底斯擺出完全不在乎的姿態——倒不是因為他不稀罕那份嫁妝，而是就許多層面上來說，這份嫁妝為艾菲雅帶來的益處比帶給他的還要多。艾菲雅知道，這份嫁妝會讓她的家族花更多心力在關心女兒的幸福上，同時維持家族在外邦人社群中的名聲。卡里彼底斯自己也做出解釋，只要能讓他娶到這位深深打動他的女孩，他就很開心了。不過他當這麼說的時候，卻被未來岳母激動的反應嚇了一跳。她反問道：有嫁妝當靠山，會讓妻子在婚姻中不那麼卑躬屈膝，因而主張廢除嫁妝習俗的人，不正是柏拉圖嗎？你這個從伊利斯來的傢伙到底是想要一個伴侶，還是只想納個小妾？

當然，卡里彼底斯不知道的是，在這段兩個家庭本來應該都贊成的婚約中，成為主要癥結點的竟是他「粗野」的口音。作為一個斯文且有禮貌的客人，艾菲雅發現他盡量避免與自己想娶的新娘交談（雖然她懷疑自己扭動的屁屁可能會時不時出現在這位男子的腦海中）。這樣做的結果就是，卡里彼底斯根本就不曉得艾菲雅對他的感覺，這件事又讓他徒增不少焦慮。新娘的父親有社會義務來確保自己的女兒是許配給一位門當戶對又體貼的丈夫，如果女孩對自己的婚約非常不滿意，不良的影響也會反應在父母身上。理論上來說，新娘子對於自己要嫁給誰沒有任何的發言權，不過大家也都知道，一段婚姻中，理論跟現實往往大相逕庭。

建築師

在這之前，米頓從沒有如此視時間為敵。因為，在希臘的建築業基本上是一種非常悠閒的事業。梅頓認識提洛島（Delos）的一位建築師，當地政府給了他長達四年多的時間來鋪一段短短的路面。著名的雅典帕德嫩神殿即便是傾盡雅典帝國的所有資源支持下快速建成的，也花了超過十五年。但是，距離米頓該建的神殿落成啟用的期限，只剩下七個月的時間了。

他的進度已大大落後。即便只是將原有的建築重組，他也不可能讓神殿剎那間拔地而起。要能夠招募工人、蒐集材料，同一時間讓人力物力俱全，超群絕倫的精力以及百折不撓的耐心實在必不可少。

以招募搬運工為例，米頓本打算故技重施，僱用當地農民將那些巨大的石塊從一個神殿所在地運到另一個地點去。過去這個招募方式從沒有遇到過任何困難，但他不曾嘗試過在秋去冬來時這麼做。冬天來臨後，當地方圓數里的每頭牛都忙著拉犁整地。幾近冬至，他才能夠開始運輸石頭，即使有了牛隻的幫忙，也是件緩慢而痛苦的差事。通常人們會在七月和八月從陸路運輸石料，那時的道路雖然坑坑坎坎、巨石遍布，但至少不是凶險的沼澤地或泥濘的山坡。每塊基石都需要二十到三十頭牛組成的隊伍來搬運，每對牛都需要從沿途那些急需用錢的農民那裡雇來。時至今日，石頭仍然以每天一到兩塊的速度緩慢運來。

無論路途多麼艱難，基石終究是就定位了。米頓小心開鑿的基座上，密密麻麻地躺滿石塊。巨大的石塊用以鉛包覆住的金屬夾子小心地固定在一起。米頓決心，就算波賽頓再次召喚地震，這次重建的結構絕對要能夠抵禦他的地動山搖。這座神殿已被摧毀過一次，他才不會再讓波塞頓輕易取勝。

鋪裝地基可以雇用非專業人員來完成，但接下來的步驟，米頓不得不派出一大批專業的技術工人。甚至在鋪設任何一塊石頭前，就必須請來鷹架師傅討論該如何將石塊吊裝到位。來自伊利斯城邦的工匠們必須立即著手為神殿屋頂製作新的陶瓷瓦片，因為舊神殿的所有瓦片不是已被打碎，就是被撿便宜的當地人搜刮走了。金屬工匠也必須製作更多的加固夾子，將石塊固定在一起，並在石塊上放置青銅配件，以便日後嵌上裝飾性的檐壁。（謝天謝地，大多數像樣的石匠都有製作這種檐壁，上頭描繪著一般的狩獵場景或交織纏繞的藤蔓。米頓已經從科林斯（Corinth）批發來了一套。）接下來，雕塑家負責雕鑄有著塞拉皮斯特色的浮雕和為祭祀奉獻而雕的雕像；漆匠們則將妙筆一揮，使整個建築物的雕像和浮雕栩栩如生，添上色彩鮮豔、能塑造神殿特色的點睛之筆。最後，則該是金匠和銀匠好好表現、為此神殿的主神雕像恪盡已職的時間了。

由於神殿是希臘人民生活的不可或缺的一部分，總是有為數不少的工人專心致志地奉獻職業生涯來建造神殿。這些人從一個建築工地到另一個建築工地，在希臘、埃及和希臘化的東方之間自由流動、來來去去。米頓所要做的就是放出消息，告訴眾人他需要什麼樣的工人，需要多少人，他們就會從菲亞的伊利斯港（Elean port）三三兩兩地逐漸趕過來。

很幸運，由於他正在搶救一座已先行建成、被粗心前任主人摧毀的神殿，米頓能夠跳過幾個常見的初步步驟。他沒有雇用其他建築師的需要，因為他自己已能勝任，而且他的神殿顯然已被預先設計好了。基本上，他需要的就是三類工人：搬運工人、工匠和藝術家。米頓也一清二楚，他的主要工作之一就是仲裁和解決這三類人之間的衝突。雕塑家要求一塊粗鑿得恰恰好的石塊來創作，工匠則怒氣沖沖告訴他石材本身有瑕疵所以無法滿足需求，因為那些懶惰的搬運工本來就送錯了石材，並且姍姍來遲，雕塑家也只能盡力而為了……諸如此類的衝突，不可勝數。

作為建築師，米頓該做的事情不止是簡單地規劃建築。古希臘的建築師近似為技術員加工地工頭的角色。雖然他可能不會雕刻或固定石塊，但他的工作就是確保工人完全按照合約精確而具體列出的要求完成工作。正如米頓該對埃及當局負責，米頓僱用的工人若是偷工減料、延誤、產出不合規的作品或損壞他人作品，他們也得負責任。以前慘痛的經驗教會了米頓應該要先讓每個工匠再三保證，若是沒能完成所承包的任何一項工作事項，該工匠有義務找其他人來完成任務。

從某種程度上來說，聘請能人巧匠並不是什麼大問題，因為他們在工作仍進行時只會獲得能勉強餬口的工資，成功完成工作項目後才能得到全額報酬。讓米頓荷包大出血的支出其實是每天日落時分得支付給非技術性臨時工人的酬勞。僅僅是將石頭拖到合適的地方所需的搬運工就迅速耗盡了他的資金，實然一個令人擔憂的預兆。

不過，米頓現在已經完成了關鍵的第一步，地基已經建成到位。此通向神殿的最底層台階是人們拾級而上的基礎，該絲毫不差的正確建造它非常重要，因為台階上那向外彎曲的曲線，雖然幾乎無法察覺，將影響到建築每個水平表面的弧度。以此弧度蓋建建築是必要的，因為人類肉眼在看一條長長的直線時會產生它向內凹陷的錯覺，所以建築必須向相反的方向微微地彎曲，才能顯得筆直。

建築神殿是一場建造進度與資金耗盡速度之間的激烈競賽。施工工地與奧林匹克體育場相毗鄰，米頓不由得把自己的這場賽事聯想成一場分秒必爭的短跑競賽。

商賈

一日為商，終生為商，商人薩基翁從賽達出發前往貝加蒙，經過安條克（Antioch）時，他又發現了商機，他見一支商隊從東方而來，帶著一批印度的小土罐裝胡椒和美索不達米亞的瓶裝鴉片，便立即向他們購買，因為他知道在布魯迪希（Brundisium）有一位經銷商可以將這些鴉片轉賣到義大利，另一位則可以把胡椒銷往各地，這些貨就如同黃金，只是多了美味，且更為輕巧。這批新貨加上薩基翁原本在運的貨不僅價值不菲，且運送方便，很擔心會有懂得做生意的強盜來搶，畢竟搶到了他們可就一輩子不愁衣食。

從安條克前往貝加蒙的路上，會途徑前脫魯斯山脈（Anti-Taurus Mountains）以及奇里乞亞（Cilicia）和卡里亞的荒原，從那段路起，人們原本可以從老底嘉（Laodicia）沿著古波斯御道（Persian royal road）到薩第斯（Sardis），隨後經過推雅推喇（Thyatira）進入貝加蒙，比較好走，然而很不幸現在卻不能選那條路，因為加拉太的塞爾特人（Celtic

Galatians）在安卡拉（Ankyra）附近的安納托利亞高原滋擾百姓，事實上，百姓不堪其擾，而為了讓加拉太人不要破壞城鎮跟農田，貝加蒙的統治者尤米尼斯（Eumenes）付錢息事寧人。可悲的是沒有人成功說服加拉太人商隊不是獵物，但就算說服了加拉太眾部落的首領，消息也不會傳到那些不受控的年輕人耳中，而他們又正是掠奪最甚的一群。

春天來臨，駭人的暴風雪全化作不好的回憶，儘管有所遲疑，但第一批商船仍陸續開始在地中海沿岸海域航行，航程應該是很安全，唯一的問題只在於強盜的威脅，強盜可不是陸上專屬，安提條到貝加蒙的這片海域有很多強盜，也就是所謂的海盜。

自從亞歷山大征服了各王國，成千上萬名小亞細亞和黎凡特的百姓的生活天翻地覆，進而引發了海盜問題。原本是漁民甚或是從未想過要在海上討生活的農民，因身陷絕境而不得不成為海盜謀生，隨後多數人便發現當海盜所能賺取的錢財根本超乎想像。

希臘化王國的各國國王起初都試圖鎮壓海盜，但卻毫無進展，一些國王反而開始支持海盜，托勒密二世理所當然就是這一帶的角頭老大，他與塞琉卡斯國王打仗時，可是招募了很多海盜來搶掠，隨後又放任他們在安納托利亞的海附近作亂，反正那裡幾乎都是埃及的敵人。馬其頓的安條哥（Antigonus of Macedon）也幫著搧風點火，他曾與海盜同盟鎮壓雅典人的獨立起義（即大家所知的克里莫尼迪茲戰爭）。

或許真正有心要鎮壓海盜的是羅德島人（Rhodians），因為羅德島是仰賴貿易的國家，因此必須時時保持航線暢通無阻，尼多斯（Cnidos）和科斯島（Cos）等沿海城市都參加了打擊海盜的行動，而後提洛島（Delos）也表示要加入行列，但卻有做做樣子之嫌，因為提洛島的奴隸交易蓬勃發展，而多數奴隸都是未獲贖的海盜階下囚。

對於商人薩基翁來說，他必須選擇是要承擔在陸上被搶的風險還是在海上被搶風險，選後者可能多一個溺水身亡的危險，不過，薩基翁還是選擇在安條克租船，一是因為船運快很多，二則是因為他最近身體不適，從回到亞歷山卓開始不舒服到現在。

就在要離開埃及前，薩基翁發燒了，他全身痠痛、噁心反胃，雖然極力想要復原，但直到出發前往西頓的時候，他仍然虛弱的像隻小貓，他以為他可以在路上恢復，然而

地中海的海盜

古時的地中海海盜根基深厚，事實上如雅典、阿爾戈斯（Argos）等城，因不敵海盜的侵擾，而往內陸發展。海盜在奇里乞亞沿岸是一種傳統職業，也有些海盜是城邦出資贊助，舊時的薩默斯島僭主伯力克拉特斯（Polykrates of Samos）就十分支持海盜，後來的伊利里亞的特圖塔女王也是如此。古時的船隻都會泊在岸邊，有時會拉到岸上過夜，因此讓人有機可乘，因為希臘和安納托利亞都是岩岸，而且有很多海灣，盜賊就潛伏在那裡，伺機而動。此外，也因希臘化的王國經濟成長迅速，貿易蓬勃發展，所以盜竊才更加猖獗。

一個月過去了，病情卻只加劇。總之，如果因為生病而不得不休養的話，薩基翁寧願在船艙裡躺著，也不要在騾車上顛簸。

剛開始的一個禮拜，他的選擇似乎很正確，船隻沿著岩岸航行順暢，一路上風平浪靜、碧空如洗，薩基翁為此頌讚諸神，連他的病情也似乎因海上潔淨的空氣得以好轉。雖然他們晚上會在岸邊泊船，但白天船長會將船駛入汪洋，駛離那些無名的村莊，遠離卡里亞海岸線上數不勝數的小海灣和入海口。今天早上，天氣晴朗，薩基翁驚訝地聽到船長突然唸了一串誓言，之後又指揮船員們把船帆堆疊起來，船員們欣然照做。

他惶恐地四處張望，但並未發現任何危險，他們的商船和海岸之間確實有幾艘漁船，不過不足造成緊張，就算要向他們發動攻擊，那些小船也不會構成威脅，而事實上，有兩隻漁船已經收好漁網，快速駛離薩基翁的商船。船長盡可能快地向西航行，他解釋說，這些漁船就是問題所在，他們看到一隻滿載的商船後，就往岸邊行駛，準備召集夥伴再來下手。

直到快中午，薩基翁才明白船長所言之意，他看到海平面處有三個點，以令人不安的速度逼近，小點逐漸成形為小型、快速的開放式單層甲板帆船，這種船叫作阿普拉特（Aphracte）。阿普拉特並不適合用來捕魚或是載貨，但若要迅速將五十人運往一個在海上漂浮的目的地，卻是再理想不過。

海上追逐戰最為令人膽戰心驚，後方持續逼近恐懼會縈繞在被追逐者的心頭，久久揮之不去，但揚帆之後，船隻順風而行，除了在船尾憑欄而坐，並看著單層甲板大帆船快速划近，再無他事可做。這種經歷很奇怪，薩基翁還可以吃飯，跟侍從聊天，大致上表現得像往常一樣，然而他知道大約一小時之後，一切都會陷入混亂，如果海盜們有心情擄人的話，他的生活就此永遠改變，反之，他則會當場喪命。

海盜的槳帆船越來越近，薩基翁很絕望，命令侍從準備將貨物卸入海中，因為如果他要失去一切的話，與其讓貨物被海盜搶走，不如拿來祭海神，但是船長堅決反對這樣的舉措，因為首先如果海盜發現他們辛苦追這麼久，卻一無所獲，他們會以無可想像且極度痛苦的方式向乘客和船員發洩不滿，其二，他們尚有逃脫的機會，因為船長未雨綢繆，將船隻駛到離岸很遠的海上，這樣海盜比正常情況下要划更久更辛苦，而他們這個大獵物卻得到神助，得以順風而行，只要吹起微風，商船就可以一直行進，而在後追趕的海盜們最終會累到耗盡體力。

而船頭的一聲喊叫抹滅了最後的希望，一名船員注意到有十幾艘帆船在看到他們的商船後不斷靠近，收了帆，划著槳，朝他們直奔而來，很明顯有掠奪之意。因此現在若要繼續擺脫後面的海盜，就等於全速投向前方敵人的懷抱。

船長無計可施之際，正要命令船員降低船帆準備投降時，他敏銳的雙眼注意到眼前船隻的船前掀起的波浪很大，顯然水面下的船體設有撞杆，這意味著儘管前方的船與後方的海盜船看似同樣快速且靈活，實則是友軍，準確來這種名為菲拉基德（Phylakide）是羅德島專門為了鎮壓海盜而設計的船隻，正好可扭轉乾坤。

此時海盜們也發現了前來為商船報仇的菲拉基德，原先追人的海盜現在卻十分慌張，拼命想要逃回岸邊，擺脫這突如其來的威脅，場面相當混亂。但羅德島的海巡船才出發，而海盜們剛剛已在商船後面追了許久，早已疲憊不堪，這場仗的勝負相當明顯，而薩基翁因為命運突然改變而欣喜若狂，他在船上的欄杆旁舒服地坐下看好戲，他打算好好享受接下來這場海上追逐戰。

里拉琴樂手

宴會的邀請函寄送過程尤其謹慎，如將一隻酣睡的野貓護送至收件人手中，而這隻野貓可能是隻溫馴的小貓，只是前來討摸，還會發出呼嚕聲；亦可能是隻嘶吼的惡魔，其尖爪與利牙會給受害者留下無法抹面的傷害。

雖然不見得至關重要，但受邀人往往會先好奇主辦宴會的人是誰？且舉辦原因為何？當然受邀已經值得高興，畢竟代表雙方關係緊密，但也正因如此，若拒絕邀請，即是以一種無禮的方式，打臉宴會主的好意。人們茶餘飯後的談資就是誰出席誰的饗宴，每一座城市的社會菁英都會明爭暗鬥，倘若出席某場宴會，必會得罪宴會主的對手和敵人，而有時這些對手和敵人可能比宴會主更加位高權重。

其次受邀人會考慮宴會的類型，有些宴會非常正式，與會者深入討論錯綜複雜的道德哲學，會場僅提供基本食物和酒水；但另一種極端則是年輕貴族舉辦的狂歡派對，每位賓客左擁右抱，暢飲酒精，他們甚至會將家具丟出窗外，城內守衛時常會接獲檢舉趕來制止鬥毆鬧事。參加這兩種聚會都很容易身敗名裂，一種是在努力理解克律西波斯（Chrysippus）的斯多噶主張時（stoic pronouncements）苦苦掙扎，一種是遭執法人員逮捕，並在前往監獄的路上苦苦掙扎。

幸好還有另一類宴會，即是志同道合者相聚一堂，討論自身以及城市息息相關的重要議題，譬如他們會討論接下來誰要參選，或是討論議會政令的用字遣詞。某次羅德島捎來的消息，表示商船即將停泊在帕加馬，而船上滿載價值不菲的絲綢、鴉片和紙張，城內的商人們希望貨物友好分配，杜絕惡性競爭降低利潤，隨即大開宴會。

最後大夥共同決議宴會的主人（或稱宴會主席）為埃皮納斯（Epigenes），他不僅因為他是城內商人的領頭羊，而且他的兒子在政界如魚得水，深受皇室繼承人小阿塔羅斯（young Attalus）的重視。此外，此人的酒窖窖藏豐富，廚師廚藝一流，還有在西安納托利亞享譽盛名的里拉琴演奏家為大家表演助興。這場宴會可不是人人都能參加，雖然埃皮納斯擁有專門招待的男士的房間（andron），足以容納二十八位賓客，但最後全城卻只有十四人受邀。

而那位著名的里拉琴演奏家當然即是卡莉亞，她是宴會中唯一的女性，而這在希臘化王國極不尋常，一般宴會中，名媛淑女都會退避到專門招待女性的房間，而許多交際花則可以繼續留下。交際花們在貴族社會佔一席之地，常常可以在男士們聊政治、葡萄酒的時候搭上話，但宴會進行到某一階段時，她們將提供性服務。

交際花在帕加馬這樣的大城市有時是求之而不得，不過在埃皮納斯的宴會上，商人們不希望他們這場商務會談變成其他聚會中的談資，所以他們決定不請愛講閒話的交際花，而代由高雅的音樂助興。

客人們陸續抵達，有些人剛沐浴完，有些人在運動場鍛煉一下午，全身因擦橄欖油而油光發亮，此時卡莉亞不需現身，她就待在自己的休息室小心翼翼地為稍後要演奏的巴比托（barbitos）調音。此次宴會雖為商業聚會，但畢竟仍是宴會，她已預料到酒精會潑得到處都是，而且到時候她會坐在門口，可能會被前往廁所的半醉賓客撞到，所以卡莉亞決定收起她那台寶貴的琪塔拉琴，此次在這種粗鄙的環境中，用巴比托這種更粗野的樂器演奏更適合。

巴比托的琴聲更令人想入非非，其音調比琪塔拉琴低一個八度，撥動更長更粗的琴弦，會從相對較大的共鳴箱中泛出深沉、圓潤的音符，正因如此，卡莉亞選用更加適合男性、更加低沉的音調來演奏，而在場的男士們就可以跟著哼唱，也意味著賓客可以開始暢飲了。

卡莉亞離開專屬休息室前往專門招待男士的地方，在門口等候，恰逢兩位奴隸抬著餐桌離開，裡面的長沙發背倚三面牆，面向房門，卡莉亞彈著巴比托，走向原本餐桌擺放的位置。

卡莉亞演奏她所改編的樂曲時，宴會主席手持一隻大酒杯——基利克斯杯（kylix），杯口舉向一名奴隸，只見奴隸立即拿起裝酒的器皿——克雷特壺（krater）為他斟酒，卡莉亞進房間的時候，原本抬桌子的奴隸放置好桌子後，帶著克拉特一同進來。

與會的商人們個個皆具音樂素養，可以聽出卡莉亞在彈奏的是著名的商人之神——荷米斯讚歌，儘管是翻版，但她唱了一次，大家都清楚記得歌詞和旋律。

祢穿著飛翼之鞋、與人類交往，我等凡人的言語祢都明白
祢為眾神傳話，不僅身手矯健且圓滑狡詐
祢是流暢的譯者、祢是商貿的大師，祢為我們排憂解難
祢手中的傳令杖象徵無咎的和平，財神呀
祢是幸福的神，祢帶來好運，祢是故事的敘述者
祢聽我們的祈禱，讓我們的生活平靜安穩直到終老
滿載美好生活和美善言詞的記憶將永遠長存。

（致荷米斯的《奧菲斯讚美詩》）

卡莉亞暫停片刻，以她的方式重奏一次序曲，隨後宴會主席唱起第一行歌詞，卡莉亞則為他伴奏；他邊唱，邊倒酒在地上，以此祭奠荷米斯，然後再將酒杯傳與下一位與會者，下一位與會者也會倒酒，並續唱第二行，以此類推，直到酒杯傳過一輪，每個人均有唱到歌為止。卡莉亞會依次來到唱歌的賓客身邊，邊唱邊帶動，同時還要注意腳下，地上的酒會流向房間的中央，要小心跨越。（專門招待男士的房間地板是為處理大量液體而專門設計）。

雖然與會者仍在認真商討金融議題，但宴會最經典的飲酒環節現已開始，卡莉亞則坐在沒有靠背的椅子上，演奏著名的，慢慢帶領主角們進入今晚的第二部分。隨後，商業討論的部分逐漸結束，她彈奏一些進行曲讓賓客在合唱部分輪流即興演唱。

之後，客人們開始玩起科塔博斯（kottabos），最後一位喝到共同基利克斯杯的人，搖晃杯中的沈澱物，將其倒向房間中央的某個目標上，而卡莉亞則會彈奏一些特別的配樂，賓客要開始投的時候，卡莉亞用琴聲增加戲劇效果，若賓客沒有投中，她會彈一點走音的降音；若賓客投中，她會演奏一曲凱歌，客人們會鼓掌，還會有甜食或蛋糕作為獎勵。

過了午夜，卡莉亞會進入昏昏欲睡卻若有所思的狀態，她即興作曲，摸索著彈奏一些輕柔的音樂，賓客們在音樂中逐個離席，他們腳步踉蹌走到門邊，紛紛召來在後院等待的侍從，並與宴會主席告別。卡莉亞一邊用琴聲送走最後一位賓客，一邊心想自己已功德圓滿。

第7章

四月

延

ΑΡΤΕΜΙΣΙΟΣ ΔΥΣΚΟΛΙΕΣ

農民

冬麥是一種時刻身處險境的植物，在一長串排隊等著吃它的生物中，人類不過是隊伍的末端罷了。在種子種下的那一刻起，麻煩就開始了，因為鳥兒會跟著播種者，本應在秋天的土壤中安身立命的穀物，反而經常在鷓鴣、松雞等其他專吃作物的禽類肚子裡找到最後的歸處。接下來，如果第一根柔嫩的幼苗破土而出，飢餓的鹿便會在二月從樹林裡冒出來，作物又將再一次面臨破壞。隨著作物成長茁壯，蠐螬會啃咬作物根部，豆象也會將幼蟲產在發育中的稻穗裡。在作物即將收成時，風帶來的一團團蝗蟲更是每個農人的夢魘；這些蝗蟲會在田裡定居，成千上萬的數量，只消一個下午的時間就能把一整季的工作成果化為烏有。

讓我們假設，如果農人能夠憑著好運或細心的事前準備（通常需要兩者兼備）避開了這些災害，那麼剩下的問題，就是漫長又潮濕的春天將會很快轉變為溫暖、晴朗的天氣，這樣的美好只會維持兩個星期，接著又是一波微雨將至。這種天氣一定會讓成長中的植物染上白色粉狀的黴菌叢，這些黴菌來的越早，就會影響到越高處的植株，這就表示有越多作物將遭到破壞。

不過，白粉病只導致小麥顆粒減少又縮小。每個農夫都怕的，就是發現作物上出現了微小的鼓棒狀麥角孢子，而且只要春天再次變得更加潮濕，爆發麥角菌感染的機會就會越大。麥角病較常出現在開花授粉的作物上，例如黑麥，不過當它在冬小麥上發作時，威力同樣十分驚人。

麥角病並不會妨礙作物收成時的完整性，不過任何保有一絲理智的人，只有在萬不得已的時候才會吃下被這種作物——因為如果吃下了這種作物，恐怕很快就會不太理智了。食用遭麥角菌汙染的作物會導致人們陷入瘋狂的幻覺、頭痛欲裂、胡言亂語，伴隨著壞疽發作，接著死亡。不意外，地方當局對於讓受感染的作物流通到市場上的農人不會有好臉色，也由於麥角孢子會在土裡存活長達一年的時間，受感染的土地會在接下來的兩年甚至數年強制休耕也是稀鬆平常的事——即便有人敢繼續吃那位農人的作物，也難以挽回頹勢。

伊菲塔非常清楚上述的所有危機，而就像所有的農夫，她也盡其所能的漸少可能的損害，找到分散風險的方法。寄生蟲對於選擇宿主總是有特別的偏好，所以襲擊麥類作物的葉枯病就不太可能會傷害她的豆類植物，反之亦然。同時，最好的做法就是定期巡視田地，並且不留餘地的撲殺任何出現損傷或感染前兆的植物。

即便如此，伊菲塔早在第一粒種子落地之前就開始預防措施了。首先，她仔細收集了前年住家大火餘燼的木灰，然後撒在田裡，因為木灰既是天然的肥料，又是驅趕昆蟲的好東西。第一場冬雨落下時，木灰就成了鹼液，通過土壤稀釋，殺死幼蟲、孢子和雜草根部。在土壤播種之前，伊菲塔把一整個夏季裡工人與牛所製造的大量糞便拌入土中，加入精心研磨的蛋殼，她因為製作肥料的緣故整年都在收集蛋殼，因為蛋殼在某種程度上可以緩和木灰的效果。

接著，在種子被灑進土裡之前，他們都會被仔細的浸泡在韭菜汁（磨成粉的韭菜視個人喜好與水或尿液混合）與阿穆爾卡（amurca）的混和液中，阿穆爾卡是一種味道苦澀的液狀沉澱物，通常是由靜置一段時間的橄欖油中過濾而得。除了作為強效的除野草劑外，阿穆爾卡也是一種方便的食物防腐劑，浸泡過阿穆爾卡的柴火在燃燒時也不容易產生濃煙。許多人信誓旦旦的表示，阿穆爾卡可以治療從痛風到風濕的一切疾病，雖然伊菲塔對這些說法半信半疑，不過她也不得不承認，這種沉澱物對於皮膚感染與為種子驅蟲都有絕佳的功效。

冬季的二粒小麥終於成功播種後，農人們向狄蜜特與較小的豐收眾神們獻上了應有的祭祀供品，然後大家都在那個月的第六天放假，因為沒有人想要在這惡名昭彰的一天，從事任何植物相關的活動，這對植物來說非常不吉利。讓狄蜜特與其他超自然界的神祇在一邊幫忙，自然是至關重要，不過伊菲塔也反幫了玉米女神一把，在最後冬季最後一次結霜後，馬上將其他種子撒進自己的田中。因此，小麥中還長著奧勒岡、蒔蘿，以及馬鬱蘭還有大蒜。所有氣味濃郁、油脂豐富的植物，似乎都有著特別的味道，能夠驅趕象鼻蟲與其他昆蟲與害蟲，在收穫作物的同時來點香草準沒錯。

即便如此，就像俗話所說：「有些日子裡像母親，其他日子裡像繼母。」就在這個如晚娘面的日子裡，一場來勢洶洶的大雷雨自海上橫掃而來，伴隨著強勁、變化多端的強風，把麥子吹得東倒西歪。這次拯救莊稼的並不是伊菲塔所採取的事前預防措施，而是她丈夫的爺爺——正是他種下了堅固的橡樹，在大風以輾壓麥稈之勢直衝作物時，減弱了盤旋在科羅諾斯山的大風威力。

不會有農夫會在確實收成前會承認自己今年的莊稼長得好。不過，在伊菲塔巡視田地邊緣，找尋破碎的欄杆或飢餓的囓齒動物所挖的洞時，她也不得不保守的坦承作物的情況的確看起來不錯。當然，即使一粒小麥都已經收割並絞碎了，問題也不會就此打住。伊菲塔雇用了一位製陶工匠，製作巨大的雙耳陶瓶來儲藏她的穀物——這些罐子在工藝上的成就能夠補足他們美學上的不足。

穀物一倒進這些罐子中，就會用溼黏土封住蓋子，讓他們呈現真空狀態。在沒有風或其他氣流的干擾下，穀物就會慢慢的呼出狄蜜特吹進植物裡的氣體，穀物裡蘊含的女神之氣對於生物是有害的，包括象鼻蟲與其他昆蟲，這些小生物原本可能想在這個相對理想的環境中加以繁殖。

伊菲塔對於自己在冬季小麥的賭局裡所獲得的成果相當滿意，在確認過後她逕自走下了河邊的田野，沮喪的看著鷹嘴豆田這個重災區。同樣潮濕的春天或許養肥了她的二粒小麥，不過對於另外一個冬季作物則不是這麼友善。提早檢查的過程中，伊菲塔發現了鷹嘴豆花上的紫色傷痕，這是葉枯病的警訊，她馬上剷除了田中受感染的角落。

不幸的是，那場幾乎將小麥莊稼輾平的風暴似乎也將葉枯菌的孢子散播到了整個田地裡。從她站的位置，伊菲塔可以看見虛弱且枯萎的莖葉，以及一度翠綠、健康的樹葉轉為淡黃。毫無疑問的，鷹嘴豆植株將會凋零，落葉歸根之時，也會將黴菌孢子帶進土裡。伊菲塔無奈的聳聳肩，簡短的禱告致謝一下，至少她的扁豆株還活著。葉枯病發生後，這塊田地至少有三年無法再種植鷹嘴豆，不過這應該不會影響伊菲塔的原定計畫：將無用的鷹嘴豆重新犁回田中，接著種植春季蔬菜。

使節

任何密文都有辦法被攔截或解讀，但刺探信使的心思則非易事。我們親愛的使節珀色烏斯正在繕寫一份書信給馬其頓國王，而與其說是一份正式信函，不如說是備忘錄，因為負責傳訊的信使還會準備一份更詳盡的口頭報告。這份文字稿十之八九會被塞琉卡斯王朝的間諜攔截，因此珀色烏斯在書寫時需要考慮的利害關係對象不只有馬其頓老家，還有塞琉卡斯王朝。

珀色烏斯一邊悶悶不樂地輕咬著蘆葦筆桿，一邊掃視自己所寫下的句子。他在報告中寫道塞琉卡斯國王健康無虞，並似乎已準備好展開另一次遠征。雖然安條哥二世仍未向國民宣布下一次討伐的對象，但馬其頓大可高枕無憂，因為塞琉卡斯和馬其頓都決意繼續維持友好關係。

公文內容這樣就差不多了，不過除此之外，負責通報的信使還會補充說明一件事

——珀色烏斯認為安條哥二世酒喝得太多了，而他不只是擔心國王的肝會負荷不了，他更擔心酗酒可能帶來的其他不良影響。塞琉卡斯王朝權貴都具有馬其頓血統，個個都習慣飲酒作樂，但他們同時也是堅毅而粗暴的硬漢，不能忍受任何弱者的存在，就算是一國之君也一樣。

倘若一國之君被臣民們視為無能的昏君，他的下場很有可能是意外墜馬、洗澡時心臟病發、或甚至是被一劍開腸剖肚。對希臘化時代的君主們來說，這些才是所謂的「自然死亡」，在臥榻上壽終正寢反而才是罕見的案例。簡而言之，儘管安條哥酗酒對他自己的健康影響不大，這個惡習還是有相當高的風險。

安條哥可能英年早逝的另一個原因是他正打算迎回第一任妻子勞迪絲，因為他現在的婚姻生活苦不堪言。此舉不僅會引發托勒密王朝的怒火，更會讓塞琉卡斯朝廷中支持現任皇后的勢力一蹶不振。儘管安條哥和現任皇后關係降到冰點，貝勒尼基卻依然懷孕了，而倘若她生下的是兒子，那對於擁戴她的勢力而言將會是奪權的大好機會。珀色烏斯不難想像接下來事情的走向：皇室喜獲麟兒，國王在正式提離婚前意外喪命，貝勒尼基因此成為攝政后，其背後的支持勢力則成為掌握帝國實權的統治者。這並非珀色烏斯子虛烏有的臆測，因為早已有人旁敲側擊地問過他，假若真的發生政變，馬其頓將會如何應對。

說到旁敲側擊，將要再度即位的前任皇后勞迪絲也是個問題。希臘化世界的權力遊戲對男人和女人來說一樣危險，勞迪絲對這點心知肚明，而珀色烏斯也知道勞迪絲是怎麼看待這件事的。倘若安條哥離世時還來不及終止和貝勒尼基的婚姻關係，勞迪絲和她的孩子們必死無疑。掃蕩肅清的速度快到安條哥的死訊都還未傳到家門，劊子手就會先找上門。

因此，勞迪絲迫切希望前夫盡快廢黜貝勒尼基，投奔自己愛的懷抱。倘若事情按照勞迪絲的期望發展，珀色烏斯知道她肯定會選擇鎖單套利。畢竟安條哥曾經為了政治利益而廢黜她，沒有道理他不會故技重施，眼下唯一的出路就是兩人破鏡重圓後，國王卻不幸因為嚴重的消化道問題而身亡。

如此一來，將由勞迪絲擔任攝政皇后，而被迫面對劊子手的就會是貝勒尼基和她剛生下的嬰孩。塵埃落定後，安條哥二世將和心愛的妻子享用甜蜜晚餐，隨後這位不可一世的神便會永遠離開凡間。在勞迪絲採取行動前，她唯一需要做的就是確保馬其頓會支持自己成為下任統治者，為了達到此一目標，事實上她早已暗中告知珀色烏斯她的計畫。

無論如何，安條哥二世的下場都不樂觀，因此珀色烏斯必須警告馬其頓的主君接下來一兩年塞琉卡斯極有可能會改朝換代。珀色烏斯再次拾起筆，將筆尖浸入由煤灰和膠水調和稀釋而成的墨水中，並繼續在紙莎草紙上書寫所見所聞，他十分確信安條哥能夠讀出這封信的弦外之音：

我們確信皇室繼承人即將誕生，並將蒙眾神眷顧。（倘若眾神傾聽我們的禱告，貝勒尼基會死於難產，並將肚中的胎兒一起拖入冥府。）

塞琉卡斯之神安條哥的下場

正如珀色烏斯所擔憂的，安條哥的皇后貝勒尼基生下健康的兒子，托勒密二世因而成了下一任塞琉卡斯國王的祖父。安條哥本人也對事態發展感到不安，因此就在我們假想珀色烏斯造訪兩年後的西元前二四六年，安條哥廢黜皇后貝勒尼基，與前任皇后重修舊好，而勞迪絲早已將計畫安排妥當，因此在一場政變之下，安條哥遭到毒殺，同時貝勒尼基以及強褓中的嬰兒則在首都安條克城（Antioch）遭到殺害。安條哥尚年幼的長子塞琉古二世（Seleucus II）登基為王，並由仍在守寡的勞迪絲擔任攝政太后，怒火中燒的托勒密則因此打算發起復仇之戰，而這一系列發展令馬其頓人心滿意足。

儘管安條哥二世陛下因為即將再次成為人父感到喜出望外，陛下仍惦記並掛慮前任皇后，並竭盡所能確保前任皇后不會因此受到冷落。（只要安條哥能想出罷黜貝勒尼基又不引發戰爭的方法，他就會立刻與勞迪絲復合。）

一如陛下您過去總是盡心支持這位情同手足的君王，相信陛下您已在思忖如何恭賀安條哥二世喜獲麟兒。（有沒有任何加速離婚的辦法？不然貝勒尼基那一派的人馬就要暗殺掉安條哥了！）

微臣確信貝勒尼基遠在埃及的父親也會對此消息感到欣慰，因為他的孫子將成為塞琉細亞的下一任統治者。（陛下，您應該十分清楚這件事的風險吧？）

親密的血緣關係將會使三個王國更加兄友弟恭、父嚴子孝，並為帝國帶來祥和與平安。（如果我們再不處理貝勒尼基，勞迪絲就要被殺了，安條哥再也沒有機會召回她，埃及和塞琉細亞沒有理由發動戰爭，而托勒密的女兒握有塞琉古王朝的實權，如此一來，我們在希臘的日子只會愈來愈難過。）

珀色烏斯以慣常的華麗辭藻收尾，並將函件交付已經獲悉真正信息內容的差使。緊接著，珀色烏斯嘆了口氣，再度提起筆桿準備書寫另一封更加字斟句酌、內容也更加隱晦的書信。基本上，這封信必須不著痕跡地讓勞迪絲明白馬其頓將會全力聳恿安條哥與她復合，並要她隨時將毒藥準備妥當，以等待那一刻的到來。

逃奴

儘管沒藥樹脂簡直像兔子失禁時的排泄物，然而沒藥成品功能相當多元且效果絕佳。沒藥主要生長於埃及靠近紅海的區域，雖然有人曾試著在安那托利亞種植沒藥，但結果卻是好壞參半，而沒藥之所以難以取得，主因就是埃及紅海沿岸的地主通常會死守自家的沒藥灌木，所以即便是長年旅居各地的草藥師都不得其門而入。

況且沒藥的採集可不是摘摘葉子這麼簡單，採藥人找到成熟的灌木後需先撥開帶刺的枝枒，並在主幹上小心的劃一刀，刀子必須深入灌木的邊材，但同時不能傷及心材。若正確完成前述步驟，則蠟質的沒藥樹脂便會自切口處緩緩流出並凝固。

樹脂會在幾天後變硬，刮取後烘乾就可以出口。沒藥樹脂大多在出產後便會往北運至沙漠中的納巴泰王國（位於現今的約旦及阿拉伯北部地區），隨後再從該王國進一步銷往希臘化世界，其中進貨量最大的地區非安那托利亞的城市士每拿莫屬。士每拿從事沒藥生產及出口的歷史淵源甚深，這座城市甚至就是以沒藥命名。（士每拿在希臘語中即為沒藥之意）。

雖然沒藥對草藥師來說是好東西，但能否找到貨源或是在找到後能否負擔都是個難題。更何況不只是草藥師需要用到沒藥，問題因此更加複雜，譬如猶太的希伯來人，他們不論是淨化儀式或是其他宗教祭典都會消耗一桶桶的沒藥。由於沒藥具防腐成分，所以人們也會將沒藥與蘆薈的混和物用於墓葬。

沒藥防腐的特性也是草藥師最看重的功用之一，因為化膿感染基本上就是血肉快速腐爛造成，而沒藥酊劑改善或防止化膿的效果最佳。由於沒藥也能當作豬肉和牛肉等肉品的防腐劑，因此草藥師也經常面臨牧師、祭奠中的親族和廚師之流一同競購。

沒藥經常與同樣相當昂貴的乳香一同焚燒，人們認為這樣能夠防治疾病傳播。沒藥治療口腔感染也有奇效，不過高濃度的沒藥具有毒性，所以患者要慎防在沖洗牙齦之餘吞下沒藥。高級的交際花也喜歡使用沒藥，因為沒藥精油不僅能保持陰部芳香，也可以驅散寄生蟲及預防恩客下體不潔所造成的感染。

總之，萬用的沒藥價格高昂，而士每拿批發市場的沒藥價格最實惠，所以歐多西亞亟欲趁著商隊途經此地時買上一批沒藥，如此一來不僅自用不虞匱乏，更能在途中遇見草藥師同行時散裝零售。不過旅居各地又打著一樣如意算盤的草藥師當然不只歐多西亞，因此士每拿發展出一群專門對接草藥師需求的商賈。

歐多西亞此時就是和專門以草藥師為客戶的商人談著生意，由於她才剛剛將商賈請進自己的帳篷準備繼續討價還價，所以歐多西亞決定差使瑟拉塔到市場上尋找一些普通卻較為常用的藥材。春季的士每拿市集一到下午便人滿為患，每個人都汗流浹背，從脖子到頭頂都裹著厚實披巾的瑟拉塔漸漸感到不適，不過由於希臘和亞洲的婦女外出時都習慣蓋住頭部，所以瑟拉塔也不是市集中唯一披著頭巾的人。市集上也有完全不穿戴頭飾的婦女，瑟拉塔看見一位金髮碧眼的女子脖子上有個精緻的色雷斯老鷹紋身，不禁心頭一喜。

士每拿市集一側與三百步幅（大約四百五十公尺）外山丘上的劇院相接，另一側則緊鄰著海口，因此宜人的海風得以在越過城市的紅瓦屋頂後吹進市場，瑟拉塔有股衝動，想讓舒爽的涼風順著脖子拂過胸口。或許是因為市集中根本無人注意自己，又或許是站上一整天後疲憊不堪、滿身大汗，瑟拉塔終於還是將頭巾摘下，不過這項決定興許另有原因——她在返回歐多西亞的帳篷時遇見自家商隊的騾夫，一位將近二十歲的英俊青年，瑟拉塔想著自己展露幾分姿色或許就能和他多說上幾句話。

然而瑟拉塔和年輕騾夫聊得正開心時，幾隻粗糙的手突然抓住瑟拉塔的肩膀將她拉走，幾人完全無視騾夫憤怒的叫喊，直接將瑟拉塔推到一塊貼著幾張告示的布告欄前。瑟拉塔一面憤恨地大吼大叫，一面在心裏咒罵自己得意忘形，居然仗著身分許久沒有人質疑，就這樣忘了自己仍隱姓埋名，甚至連距離歐多西亞的帳篷僅咫尺之遙的布告欄都一併忽視。

很顯然，瑟拉塔最害怕的事還是發生了，這些人看到布告欄上的逃奴懸賞後仍在附近逗留，結果就遇到一個與懸賞令描述完全相符的年輕女子，也難怪他們要把瑟拉塔拉到布告欄前，因為這樣才能進一步對照瑟拉塔的各項特徵是否與懸賞令相符。

不過這些男子也沒能順利得逞，年輕騾夫的叫喊聲引來一群人圍觀，不少人開始厲聲指責抓著瑟拉塔的兩個男子。瑟拉塔後來才得知壓制自己的兩個男子是希伯來人，而猶太人與希臘人當時可說是水火不容，由於市集中大部分都是希臘人，所以群眾才會出口喝罵。

一場各執一詞的唇槍舌戰在布告欄前上演，兩個希伯來男子大聲堅持瑟拉塔是個逃奴，瑟拉塔和年輕騾夫也不甘示弱的大聲否認，後來兩個男子想檢查她的背上是不是真如懸賞令描述的那樣佈滿鞭痕，上前想扯開瑟拉塔身上的衣物，瑟拉塔劇烈抵抗之餘也有越來越多人過來想保護她的貞節，還有瑟拉塔商隊中幾個年長騾夫，因為注意到騷亂而趕到現場，整起事件至此即將演變成一場暴動。

這些騷動也引來一位負責維持秩序的市場風紀官（agoranomoi），他僅是命令隨從毒打那些高談闊論的閒雜人等，群眾很快便噤若寒蟬，隨從攜帶的碩大棍棒也起到威嚇作用，因此兩個希伯來人和騾夫論及瑟拉塔時的用字遣詞還算是得體。

最後風紀官在騾夫們的建議下決定找個公正的女性來輔助裁決，她必須要在隱密處檢查瑟拉塔的背部後向風紀官匯報結果，如此一來也能避免瑟拉塔的貞節受到侵犯。剛好有位德高望重的草藥師就在一旁的帳篷內，所以某位騾夫建議風紀官何不將瑟拉塔送進草藥師的帳篷將問題一次解決，由於他刻意略過瑟拉塔與這位「草藥師」的關係，且騾夫佯裝不知情的臉簡直如稚子一般純真，所以風紀官便准許了這項請求。

瑟拉塔在隨從的兩側押解下走向帳篷，她滿懷希望卻同時緊張不安，身處危急存亡之秋，師傅究竟能否騙過風紀官解救徒弟呢？

短跑選手

埃爾米奧尼城（Hermione）位於阿戈里德（Argolid）半島，那裡的港口受到海德雷亞（Hydrea）和阿佩羅皮亞（Aperopia）兩島的雙重保護，不受來自基克拉澤斯（Cyclades）群島颳來的風暴侵襲。這座城市很古老，荷馬也曾於史詩《伊利亞德》中提及埃爾米奧尼人和希臘人一同攻擊特洛伊城的故事。

短跑選手西米洛斯親眼目睹了老城市的風采。雖然埃爾米奧尼坐落的岬角已然廢棄，其古老的港口仍在運行中。這裡的一些神殿也仍屹立不搖，千年如一。事實上，在他們登陸之前，西米洛斯和他的旅伴們結伴在船舷倚欄觀看在波賽頓神殿外舉行的儀式。排場之大，令人印象深刻。然而，西米洛斯所崇拜的並不是波賽頓，而是身披黑山羊皮的酒神戴歐尼修斯．墨拉奈吉斯（Dionysus Melanaigis）。幾經西米洛斯謹慎的詢問後，他才確認那黑山羊皮的代表意義。派對之神馳騁沙場時會穿上黑色山羊皮製的護盾，黑山羊皮也就此象徵了祂驍勇善戰的一面。即使是奧林匹斯山上的神，也不得不偶爾上個戰場。）

暮春時節，埃爾米奧尼城有一個祭祀戴歐尼修斯的節日。一如許多希臘節慶，運動成分顯著鮮明。誠然，在位於半島末端岬角的埃爾米奧尼城，這些體育活動理所當然地多半為水上活動。但在眾多游泳和賽船比賽項目中，還是有個在舊體育場舉行的兩斯塔德雙場地跑比賽（斯塔德為古希臘、古羅馬長度單位。兩斯塔德約四百公尺，即一千三百英尺）。西米洛斯躍躍欲試。

雖然西米洛斯對總長一斯塔德的場地跑比賽更加在行，他的教練大概這陣子都不會讓他跑場地跑。目前，教練打算訓練西米洛斯，讓他在跑兩斯塔德場地跑時也能有一斯塔德場地跑的表現水準。然後，在奧運會前一兩個月，西米洛斯在勤練跑雙場地跑後獲得額外爆發力和耐力後，更短距的短跑對他簡直就是易如反掌。這場比賽雖說只是他運動訓練的一部分，但並不代表他不能試著得個名，拿點額外的獎金來支付生活開支，或以獲勝來榮耀神明。

無論如何，兩斯塔德場地跑也是奧運項目，西米洛斯若是極欲嘗試，他可能兩者都會參加。從前有位來自阿爾戈斯的埃勾斯（Ageas of Argos），精力之充沛，在第一一三屆奧林匹克運動會（公元前三二八年）贏得比賽時，他當天就跑了一百公里（六十英里）回家，親自為他的城市捎來勝利的喜訊。

本著此想法，西米洛斯以「來自羅德島的科羅伊伯斯」的名義向奧運主辦方報了名。然而，這用假名的行為也不全然算是作弊。許多當地的奧運主辦團隊成員都認為，讓赫赫有名的體育明星參加比賽既不能增加賽事的聲望，反而會打擊任何可能想參加比賽、實力又非頂尖的選手士氣。因此，雖然那不勒斯的西米洛斯可能會被勸棄賽，但默默無名的「羅德島的科羅伊博斯」肯定不為人知。不過，這項運動的粉絲可能會發覺有可疑之處，因為科羅伊博斯（來自埃利斯那位）是第一個在奧運會場地跑賽事中奪冠的選手。再者，最近退休的羅德島的萊昂尼達斯是每個短跑選手的偶像，包括西米洛斯在內。傳奇般的萊昂尼達斯是唯一一位贏得整整十二次場地跑的人，三十幾歲都還活躍於奧運界，屢屢得獎。

西米洛斯要取個假名，當然就要組合這兩位運動界的偉人之名了。

因此，比賽頭三天，西米洛斯都一直在鍛煉身體、練習短跑，恣情享受奧運的樂趣。他觀察著對著名的迴聲廣場很特別，在廣場一端發出的任何聲音都能被反射來回三次。他觀察著對廣場喊叫著做實驗，並對回音效果目瞪口呆的人群；也和遊客一起到克萊門努斯的聖殿，凝視著地上那巨大的鴻溝。聽說這深不見底的鴻溝直接通向冥界（沒有人喜歡直呼黑帝斯名諱，以免惹祂震怒）。之所以這個聖殿以「克萊門努斯」為名，其意思為「著名又可怕」，以避免直接提到那個該避免提及的某神。埃爾米奧尼離冥界是如此之近，連擺渡人的費用都不用付，當地居民甚至直接不把硬幣放進往生者嘴裡了。

飽覽風光固然有趣，但西米洛斯，或者說「羅德島的科羅伊博斯」能四處晃蕩的時間所剩無幾。下午時分，裸著上身、抹著油的短跑選手踮著腳尖，立於刻在地上的起跑線之後。總共有多達二十四個參賽者，西米洛斯得拔腿快跑才能拔得頭籌。不僅比賽一開始會相擠、磕碰，因為石柱所在之處既是場地跑的終點又是雙場地跑的折返點，那邊也會非常擁擠。

希臘短跑比賽的裁判很介意起跑放槍的行為，已經有選手因為有人太早躍起而被叫回兩遍了。剛被那又長又有彈性的棒子揮打的放槍選手們等等應該無法健步如飛。

短跑比賽正式開始後，西米洛斯調整步伐，跟在一位剛起跑就拼命衝刺的年輕的選手後。這位年輕的參賽者知道自己沒有機會真正贏得比賽。因此，他的策略就是在終點累到昏死之前達到這短暫領先的狀態，好向朋友和家人炫耀。當西米洛斯的領跑員開始上氣不接下氣時，他輕鬆地繞過了這對手，同時順順地繞過了代表比賽折返點的石柱。

整個比賽最驚險的環節來了。往回跑的西米洛斯現在正逆向迎敵地跑著，若不是身懷絕技，根本無法安然繞過一個個一心衝向前方、對周圍的人視而不見的跑步選手。現在，西米洛斯已經跑到最多選手之處，瘋狂地左閃右躲、四處穿梭。正當他快脫群而出時，落後的一個選手突然猛然直直地衝向他。西米洛斯被這明目張膽的攻擊嚇呆了，差點忘記該躲避衝擊，肩膀上挨了一記重擊，撞得他暈頭轉向。

他一下就恢復狀態，準備全力衝刺，跑完最後的六十多步並奪得勝利。這時，他詫異不已地發現有另一位選手領先於他，甚至在他前面大約十五步左右。那選手像匹賽馬，疾走如飛。這簡直令人難以置信。即使在訓練初期，西米洛斯就

古時運動節日

最為重要的古時運動當然就是奧林匹克運動會。位列奧運後也倍受重視的就是為榮耀阿波羅所舉行的皮提亞運動會（Pythian Games），地點在德爾非（Delphi）。與奧運會不同的是，皮提亞運動會有藝術和音樂比賽，還有一些專為女性舉辦的的體育賽事。內梅亞（Nemean）運動會正巧於奧運和皮提亞運動會間舉行。然而托勒密王朝自己舉辦的托勒密亞（Ptolemia）運動會，在他們的眼中和奧運平起平坐。

已知道除了其他幾個菁英運動員之外，自己幾乎比希臘的任何一個人都快。他對任何有能力擊敗他的人都瞭如指掌。因為參賽者名單中不見那些其他菁英選手的蹤影，這位選手能夠超前他這麼多，就只有一種可能——當領先於他的選手們已在折返點石柱附近準備往回跑時，這位選手在半程標線附近便竊機轉身，開始向相反方向跑去。

西米洛斯看著這名目張膽的作弊行為，預期觀眾會發出忿忿不平的叫喊，裁判也會大聲訓斥。但情況與他預期的恰恰相反。在比賽接近高潮時，只有興奮的歡呼、吆喝聲。怒火中燒的西米洛斯在憤怨驅使之下，比以往都更投入地奔跑著，使出渾身解數，以他一生中最為迅捷的速度奔向終點。終點線的細繩觸及他的胸口時，他知道自己以四分之一步的距離贏得了比賽，並因此感到心滿意足。

比賽結束後，他累得氣喘吁吁。過了一會兒他才意識到，觀眾的歡呼對象並不是為他，而是為他那對手。裁判罔顧現實，判定他的對手以一毫之差的優勢贏得了比賽。

西米洛斯正準備衝上裁判台要求重審時，他的教練輕輕地抓住了他的胳膊。他向西米洛斯解釋道，這場短跑比賽的「贏家」正是埃爾米奧尼大主教的兒子，一個短跑生涯有著光明前景的年輕運動員。鑑於大主教的政治和社會地位，不僅沒有必要抗議裁判的決定，還會讓人質問西米洛斯為什麼一開始就要用假名參賽，場面將會很是尷尬。息事寧人為上策。而且，無論如何，西米洛斯也算是完成了場紮實的體能訓練。

逐漸息怒後，西米洛斯不得不就這樣同意了。雖說如此，他堅持要親自去祝賀這位冠軍。他想看看這贏家的長相，如果這年輕人日後真的能打進奧運並被西米洛斯打敗得灰頭土臉，他希望屆時仍能認出他的模樣。

第8章

五月

延

ΨΥΔΡΕΥΣ ΔΥΣΚΟΛΙΕΣ

新娘

古希臘的婚禮曠日廢時，直至正式結為夫妻前，小倆口不論開心與否，都不得有一刻停歇，全程從開始打算結婚到最後成婚可能會花上好幾個月。

也就是說，艾菲亞已經可以自詡為新娘，因為她已經邁出走向婚姻的第一步，已無回頭路，或可說她已走投無路，畢竟從頭到尾她都只得順從，艾菲亞那傳統的父親已代她做出所有該有的許諾，而艾菲亞和要與她共度餘生的卡里彼底斯根本還沒說過一個字。

艾菲亞連重要的「應結會」（engye）都未出席，「應結會」上，艾菲亞的父親與準丈夫會坐於證人前，兩人達成共識於特定日期將艾菲亞的監護權從父親手上轉給準丈夫。為了敲定監護權移轉，艾菲亞的父親當場將艾菲亞要帶往新家庭的嫁妝交給卡里彼底斯，兩人最後正是握手達成協議。

艾菲亞深知握手及證人都是達成婚約所不可或缺，因為古希臘的城邦並未有正式的出生、婚姻及死亡登記，如果某天婚姻關係遭受質疑時，證人就得協助作證確實參與應結會，並見證嫁妝正式轉交。當然而後參與婚宴的賓客也能作證，但若少了嫁妝及見證嫁妝轉交的證人，艾菲亞仍極有可能被認為只是小妾。

婚姻不具合法性本身對於良家婦女而言已經很可怕，更糟的是艾菲亞生出的孩子會也因此不具繼承丈夫遺產的權利，所以應結會對於艾菲亞而言至關重要。儘管艾菲亞很信任她父親，但她仍感到有些委屈，她竟未能出席目睹一切是否圓滿，畢竟事關她的未來。

而所謂的未來正以可怕的速度向艾菲亞襲來。艾菲亞在同輩眼中已不再是無牽無掛的少女帕德嫩，她與黑卡蒂（Hekate）及阿蒂蜜絲等處女神已無半點瓜葛，她很快就會成為失去童貞的寧芙，只差還未踏出最後一步成為帶著孩子的婦人，艾菲亞從未想過自己此生必得經歷這每個階段，難道女性非得成為母親才稱得上是完整的女人嗎？

眾所皆知，女孩過了特定年紀後，性行為及為人母對女性的身心健康具有重大意義，如若女性受迫於生理需求必得發生性並生孩子，那理當最好是在婚姻的庇護下進行，且是愈早愈好。實際上新娘面紗常會用番紅花染色，其中正是因番紅花能用於治療月經相關問題，因為許多新娘都因婚前禁慾而苦。於古希臘女孩而言，問題並非婚嫁與否，而是自己該嫁給誰並於多快出嫁。

此時艾菲亞對於嫁給誰已經有了答案，現在所有人要下功夫的是「多快」的部分，畢竟古希臘的婚禮涉及的並非只有新郎新娘，同時還有雙方的家長、

古希臘家庭

打理家務的古希臘文隨後衍伸出現代的「經濟」一詞，家就是女人的天下，有時是寡婦當家作主，但多數家庭是由太太負責打理，一般古希臘家庭是多代同堂，很少古希臘人會獨居。羅馬文中「大家長」一詞意思等同於「律法」，而希臘與羅馬有別，希臘家中的子嗣無須遵從於父輩，然而父輩也仍有整治叛逆之子的手段，畢竟父輩可握有不傳承財產給不孝子的權利。

親兄弟姊妹、表兄弟姊妹，以及當地鄉里友人。舉例來說，婚禮場地就是個問題，一般而言，婚宴結束後，賓客和家人就會浩浩蕩蕩敲鑼打鼓從新娘的舊家列隊走至新家，婆婆會在新家迎接新娘，然而艾菲亞與卡里彼底斯情況略微不同，因為兩人已然同住，故要一行人在街角繞一圈後再回來的意義似乎不大，因此艾菲亞的父親嘗試訂下烏拉諾斯的聖殿（Ouranos）作為婚宴場地，烏拉諾斯的聖殿有個大小適中的花園，非常適合婚禮的各項活動，婚禮籌辦期間，艾菲亞還能按傳統敬拜原神烏拉諾斯，與其他女人一樣祈求健康的頭胎。

卡里彼底斯尤為想在滿月天舉辦婚禮，因為如此一來新娘會更容易懷孕，焦慮的新郎坦言，艾菲亞要想收買難搞的婆婆還得靠子宮爭氣。同一時間也遇上另一個問題，此時家鄉伊利斯正為被真菌感染的鷹嘴豆焦頭爛額，許多重要作物也面臨蟲害問題，然而伊菲塔真的很想出席兒子的婚禮，但她也不願放下身為農民的驕傲，希望能夠豐收。（艾菲亞默默有一種不好的預感，或許往後十二個月她便會高談闊論雙翅目蟲類對夏季作物的危害，以及二粒小麥或硬粒小麥是否更能抵抗該死的蟲子。）

收成的大工程還得仰賴幾位非常矜貴的使者協助，目前已談妥作物順利交接後，伊菲塔就能啟程前往雅典，婚禮會在伊菲塔抵達雅典後的第一個滿月天舉行。當艾菲亞抱怨著她得在雅典及伊利斯兩邊跑的麻煩時，一位姊妹點出了不當雅典人的一大好處。

因為艾菲亞的父親膝下無子，身為雅典人，家中最小的女兒就得成為女繼承人，也就是保住家裡財產的命脈，只要家中老父一死，不幸的小女兒就得被迫與丈夫離婚，並改嫁給與爸爸血緣最近的男性親屬，確保父親的財產移交至家中其他的男性成員手中。所幸艾菲亞一家是異邦人，也就是居住於雅典的外來客，因此不會有其他人來關心他們家的財產何去何從，所有可能有牽扯的親戚都遠在伊利斯。艾菲亞有許多叔伯，一想到與他們共結連理的畫面，與卡里彼底斯結婚一事瞬間如美夢成真，艾菲亞不得不認同她姊妹所說。

艾菲亞的母親也忙得不可開交，她得負責搞定一件紫色婚紗，並得聘請一位專業的新娘妝點師，以確保艾菲亞在婚禮當天能展現出最美的一面。同時她也得至滿是婚禮神祉的諸神殿禱告與祭祀，諸神殿中不只有烏拉諾斯，還有阿蒂蜜絲（艾菲亞將不再受祂庇護）、希拉（祂無時無刻照料著艾菲亞，不僅是已婚女子之神，也是伊利斯的守護神）、雅典娜（位階最高的地方神，奉上祭品即能以雅典娜．烏拉尼亞之姿保佑生育）、黑卡蒂（堪稱天空門衛，驅趕邪氣遠離婚禮儀式）、蓋亞（母神），及希波拉特斯（阿蒂蜜絲半人半神的追隨者，女子尚為少女時會將頭髮獻給祂）。光是瓶飾的選擇就很講究，艾菲亞的母親必得買到雙耳長頸高瓶（loutrophoros）來裝取婚前沐浴的聖水、結婚瓶（lebetes gamikoi）來承典禮前撒在新娘身上的水、有蓋陶瓷小瓶（pyxis）給繪師畫下婚禮場景，以及阿拉巴斯特拉（alabastra）來存放婚禮用的油膏。與此同時，艾菲亞不得不每天早起開始織布，因為婚禮當天她得送給丈夫一件大袍，或可說是一件及膝的短袖束腰輕便外衣，以證明她的織布能力。

她也得為她新婚之夜當天要為夫家煮的晚餐挑選食譜，這頓飯將成為決定她是否被納入新家庭的最後一關，幸好艾菲亞僅需煮一頓三人晚餐，卡里彼底斯也已透過艾菲亞的父親告知她伊菲塔幾乎不挑食，但煮鷹嘴豆可能不是明智的選擇。

建築師

建築師米頓喜好多立克式建築。他喜歡恰與科林斯式的華麗裝飾、愛奧尼亞式的繁瑣裝飾風格相反的簡潔線條。審視神殿的基本構造時，沒有什麼能比立柱的樣式更能突顯其建築風格了。

米頓時常花時間思忖建築各部位該是什麼模樣，現在輪到「柱頭」了，也就是立柱頂部的那部分，在立柱所支撐的東西下面。多立克柱的柱頭只是簡單地加寬至其頂板（柱頭上部的平板）的寬度，承擔著上方的重量。基本上，柱頭達成了它的使命——撐起上方重量，直截了當、毫不囉嗦。

一心希望建造計劃能夠節外生枝的建築師，選用科林斯式的立柱是再適合不過了。本來樸素簡單的石板變成了一塊過度雕刻、有著複雜線腳的頂板，有自己特色的弧形線腳（echinus）（有密集恐懼症者請別 Google）。主柱頭上精雕細琢的刺桐葉需要專業石匠幾個月的精雕細刻才能完成。即使是最鬼斧神工的石匠，只要稍不留神，鑿子一劃，整個作品便付諸東流。（雖然不是只有米頓會用大理石粉和混凝土對受損柱頭進行巧妙修復，但這些修補的部分會隨時間流逝而逐漸崩解，不過如果掩蓋瑕疵的技巧夠好，等到真正崩裂之時，建築師和石匠早已入土為安，當然也就沒他們的事了）。

人們或許會認為愛奧尼亞式可以作為多立克式的簡樸線條和科林斯式的華麗奔放之間的折衷方案，但是，事實上，米頓甚至更討厭愛奧尼亞式立柱頂部那需精鏤細雕的捲捲那坨。（「捲捲那坨」正式名稱為「渦旋形飾」，但米頓更喜歡隨便叫它）。他之所以不喜歡，是因為愛奧尼亞頂板下面和側面的瓣瓣跨褶的雕刻細節又小又難雕。而且，根本沒人看得到那些細節，就算真的有個愛奧尼亞柱式風格狂熱者好了，他想仔細端詳還需要搬個梯子來才行呢。

希臘人稱多立克式「陽剛」，愛奧尼亞式「陰柔」。正是那陽剛之氣使多立克式成為此多層建築中底層的設計首選，愛奧尼亞式在第二層；如果需要，就把科林斯式放在頂部吧，如此一來才不會太丟人現眼。

實際上，多立克柱的「陽剛之氣」並不僅僅是一個比喻。多立克柱確實比較堅固，因為其高度與直徑比低於更優雅（也因此更脆弱）的愛奧尼亞柱，而科林斯柱非常纖細，米頓壓根也不相信它們能在強風中屹立不搖多久。選用多立克柱是明智的做法。柱子要支撐自身以及所支撐的東西的重量，底部承受的壓力最大，而多立克柱的底部恰巧比頂端寬。筆直的科林斯式柱子自然是為其樣式而犧牲了功能性，柱身如此不顧一切地向上飛升拔高，好似是由什麼無堅不摧的特殊材料製成的一樣。

在所有多立克風格的神殿中，最著名的是雅典的帕特嫩神殿。之所以它選擇多立克式風格，正是因為帕特嫩神殿的巨大，也因為當時趾高氣昂的雅典人希望他們的神殿能夠屹立不倒，供後人瞻仰。雅典衛城一些較小的建築，如厄瑞克忒翁（Erechtheum）神殿，即是採用愛奧尼亞式的柱子，雖說它們也並不是為了要能看起來輕輕鬆鬆地承載數噸重的大理石而設計的就是了。

現在米頓站在通往納斯，也就是位於神殿中央、將放置塞拉皮斯的神聖雕像的內殿的樓梯底部。納斯建的很快，因為它基本上就是一個由堅固的石塊組成的簡單盒狀結構。當年地坼天崩時並沒有對這些石塊造成太大的損害。令米頓非常嫌棄的一點則是上方的一些石塊實際上是由薄薄的砂岩板組成，用碎石填滿了板間縫隙，為得就是削減成本。他自己的這場工程由埃及贊助，成本不是問題。這座新神殿將全面採用純砂岩，表面塗有明亮的灰泥，門廊則由十二根大理石柱組成，全是他最喜愛的多立克風格。鷹架和吊車已就位，萬事俱備，準備將沉重的節節石柱吊裝到位。

然而，由於埃及政府「最高高層」的干預，吊車目前處於閒置狀態。儘管米頓殷切地期盼埃及人能就把錢給他，讓他好好辦事、幹活，但托勒密國王的特使似乎決心對建築師的一舉一動提出質疑。自昨天始，立柱的施工延遲了，因為柱身必須刻有凹槽。

「柱身凹槽」是神殿柱子主部分常見的裝飾形式，為柱幹上所雕刻的垂直深槽（撇開敘利亞等地那些作風前衛的建築師所嘗試的荒謬螺旋形凹槽設計不談的話）。凹槽在愛奧尼亞和科林斯式柱子上比較常見，以米頓非常偏激的觀點出發，在多立克式柱子上刻凹槽，是對此種風格那簡潔、實用的理念的褻瀆。這凹槽設計的唯一意義在於使柱子看起來更圓、更高、更纖細——簡而言之，它沒什麼實際用途，但卻需要大量的額外人工。儘管如此，埃及人還是堅持想要此設計，米頓於是得為這項任務重新分配石匠，即便它處該完成的工程人力都供不應求了。

直到後來，這位理智的建築師才想到，這些柱子得要有凹槽，是因為托勒密急欲於在希臘人面前表現得像希臘人，而不是像埃及人。（位於埃及的中心地帶則是恰恰相反，這來自馬其頓的統治者拚命地想讓埃及臣民覺得自己比埃及人更像埃及人）。去過埃及的希臘人不少，埃及的神殿柱子更圓、更粗且沒有凹槽根本是無人不曉。因此，從托勒密的角度來看，米頓在希臘使用希臘柱子類行裡裡最圓最粗的多立克柱式就已經夠糟了，他本還不打算加上凹槽，直接走一個鮮明的埃及風格。

所以說，現在神殿的柱子還得被希臘化和刻上凹槽，但奧運將至、期限照舊。應米頓的激切請求，托勒密撥出了額外的資金來請更多的工人，以彌補失去的時間。不過，不可或缺的石匠數量仍舊稀少，米頓甚至正認真考慮該派遣一支突擊隊到科林斯去綁架幾個。他至少有些慶幸柱子是採用多立克柱式，因為多立克式只需要開二十條垂直槽，而繁複的科林斯式的柱子當然是需要整整二十四條之多。

另一個好處是，米頓可以利用柱子上的凹槽，讓比例上略厚的底座的看起來不那麼矮胖。遵循著一個精心計算過的公式準則，米頓的石匠將於柱基深深地刻入凹槽，柱子越高刻痕就越淺，延伸至頂部的柱頭時就僅剩淺淺的凹痕。如常由下往上望時，產生的視覺錯覺將使柱子看起來更高聳挺拔。這樣的錯覺將使觀察者以為柱身上半部較細是因為柱高很高的緣故，屬於一種正常視覺效果，而非因為柱子的底部比較粗。

在柱子上刻上凹槽的缺點則是形成的薄薄的邊緣很容易碎裂、剝落或因偶發的撞擊而損壞。愛奧尼亞式或科林斯式柱子上，建築師能於凹槽中插入稱做「纜索（cables）」的圓芯，高度被設計至人類肩部，以保護較為脆弱的凹槽邊緣。傳統上，多立克柱是沒有這樣的保護性設計的；對刻上凹槽的決定仍懷恨在心的米頓來說，要是柱子撞壞了，埃及人根本就是自做自受，一切都是罪有應得。

商賈

貝加蒙城邦的首都別迦摩曾經只是一座山頂堡壘底下的小城，不過近年的發展在新的首長上任後可說是一日千里，如今別迦摩已足以和士每拿及哈利卡納索斯齊名，成為代表希臘化文化核心之一的繁榮大城。不過喧鬧的別迦摩對於病痛纏身的薩基翁來說可能有些太「繁榮」了，城市中的石匠和建築工為了拓寬街道及建造優雅的房屋不斷捶打敲擊，使得已經欣欣向榮的別迦摩變得更加嘈雜，充滿噪音的環境也逼的身體有恙的薩基翁幾近發狂。

每當薩基翁感覺自己病情稍有好轉，都會隨即再度被高燒壓垮，他知道自己天生體質較強壯，所以每次高燒都試圖強撐著不想倒下，但發作一次又一次的襲來，他每次也總是躲不過臥病在床的命運。薩基翁找來的醫生提出許多可能的病因及解方，其中一位堅信薩基翁的病情是在沿著尼羅河南下時遭到邪靈入侵所致，因此開立數種令人作嘔的催吐劑處方，好讓薩基翁排出體內的「黑色體液」。

聽從醫師建議的薩基翁現在配戴了許多護身神符，其中一個護身符上面寫的據說是神聖的希伯來銘文——「懇請天父聖靈賜福，阿布拉卡達布拉。」（其實銘文最後一字本應是『阿布勞卡達巴』（Abraucahdabar），但是醫生因循習慣才使用『阿布拉卡達布拉』（Abracadabra））

大部分的醫生都認為薩基翁的症狀源自南下尼羅河這個不智之舉，其中一位師出科斯島希波克拉底斯學派的醫生推論最為有力，他對薩基翁解釋「水」對人體健康有重大影響，而這個論點可不是提倡飲用純淨水這麼簡單，醫生主張人們應該避免在炎炎夏季時前往如沼澤地般擁有大片死水的地區，因為不會流動的水會產生強烈的氣味並染上一層顏色，若身處這種水體附近一段時間便會損傷脾臟並產生腹瀉、肺炎和狂躁等等症狀。

依照醫生診斷，薩基翁是因為接觸了尼羅河兩岸的死水而致病，由於這種疾病每次發作中間都會間隔三天，因此人們稱之為「三日瘧」。薩基翁聽聞後氣急敗壞的質問醫生，自己既沒有喝過尼羅河的水，也沒有用河水洗過澡，怎麼單單只是待在水體附近就得病呢？醫生深思熟慮後回答薩基翁，根據最新的醫學理論，尼羅河這種死水通常會孕育肉眼不可見的微小生物，而這些生物會漂浮在空氣中並通過口鼻進入身體，進而導致薩基翁患上這種嚴重的疾病。

早在三百年前，歷史學家希羅多德就已經知曉尼羅河每年的固定氾濫會產生大量昆蟲，根據他的著述，許多當地居民會睡在由細漁網保護的增高床鋪上，希望能夠防止氾濫後的積水致病。薩基翁的護士反駁此論點，她認為即使再細的漁網應該都沒辦法擋住醫生此前所說的「不可見的微小生物」，醫生雖然同意此看法，但也認為薩基翁之所以不能如當地人一樣免於感染，正是因為缺乏在頻繁感染和恢復後所獲得的免疫力。

不幸中的大幸是三日瘧雖然無法在短時間治癒，但卻是最不可能致死的一種疾病，雖然薩基翁發作時會難受的生不如死，但他若染上更兇險的疫病現在很可能就已經喪命。醫生一派輕鬆的告訴薩基翁他的症狀會在兩年後消停，屆時應該每到夏季的尾聲才會出現約兩週的發作期。

不過來看望薩基翁的人可不只有醫生，有些別迦摩的紅頂商人已經陸續來訪，他們看似是要關心薩基翁的健康狀況，但同時也都問及薩基翁在康復後要如何處理碼頭邊倉庫裡的貨物。薩基翁即便身體有恙，還是注意到幾乎每個想向他進貨的商人都提出了差不多低的報價，且如果一個商人對薩基翁的絲綢存貨表明興趣，那麼另一個商人就只會對胡椒報價，再下一個商人也只會注意罌粟的價格。簡單來說，當地的批發商似乎已經建立起某種分工協議，而薩基翁的貨物似乎在入港前就已經決定好該由誰購買。

為了驗證自己的理論，薩基翁在高燒發作的間隔期間找了一天前往市集。前去的路途可不輕鬆，由於別迦摩是座圍繞著山頂堡壘發展的城市，所以道路自然非常陡峭且髮夾彎也相當常見，人們往往必須橫向繞行數百公尺才能夠到達上坡處只有幾十步幅之遙的目的地，許多居民的小腿肌肉也因此都非常發達。不過崎嶇的山路雖然為久居當地的居民帶來很大不便，但是在山坡地設立城市也有好處，城市中許多房屋都能透過周圍鄉村地區的屋頂看見壯麗的美景，此外房屋蓋在山坡上也能感受到來自每西亞平原的微風吹拂。

由於別迦摩的山坡並非不停向上，而是有三處平地，形成天然的「長椅」，所以並非所有房屋都能佔得地利，疲憊不堪的薩基翁很慶幸自己和隨從們因此有地方能喘口氣並稍作休整。薩基翁感受自己雙腿痠痛的同時，想起傳說中別迦摩是由泰勒弗斯所建立，現在想來也合理，因為唯有強大如海克力士的兒子所建立的城市，才會連四處走動都需如此費力。

別迦摩的商人大多聚集在山頂處的上市集，此地的買家不僅為了購物而來，大多更會聚集在市集的矮牆旁欣賞美景，希臘化世界的其他城市可未曾有過買家棄攤商不顧的景象。由於市集位於衛城的外側，所以在市集中就能飽覽整個城市及外圍平原的風景，不過市集旁正傳出工人們嘈雜的鎚擊和鋸切聲（這樣的聲響在貝加蒙可說是見怪不怪），他們正在建造的宏偉宙斯祭壇一旦竣工，上市集的景緻未來可能不復存在。

市集

市集是希臘城市商業活動的核心，規模較小的城市每隔一段時間便會有市集日，不過如柯林斯這種大城或雅典這般海上貿易樞紐，市集每天都會營業。市集通常是個喧鬧嘈雜且熙來攘往的地方，所以如今我們也稱那些厭惡這類地方的人患有「市集恐懼症」（agoraphobia）。大多數市集都在嚴格監管下運作，出售瑕疵商品或刻意短少斤兩的商人會受到懲罰，絕非攤商可以任意做手腳。商人得購買或租借攤位才能在市集做生意，此際市集的官員也會提示商人當地的交易規則，比方說羊毛必須秤重出售，且攤商販售的羊毛也不能淋過雨。

薩基翁私下向別迦摩市集擺設較為齊全的攤販商談後證實自己的猜想，他帶來貝加蒙的貨物仍能在市集上高價賣出，但是批發商的報價卻都異常的低。薩基翁現在有兩種選擇——他可以沿著海岸線繼續航行到其他城市兜售商品，譬如西塞卡斯就是個不錯的地點；又或者他可以留在此地將商品分批賣給零售商，畢竟薩基翁方才報價時可是有好幾個攤商匆匆忙忙的想要和他握手成交，力道之大簡直可以把他的手臂都扯下來。基於病況考量薩基翁傾向留在貝加蒙，他已無力再踏上其他旅途，且自己不久後便得返回埃及取回那批可惡的象牙，隨後還得將象牙送至希臘的一座神殿。不過除了上述原因外，他還有一些事情想要調查。

貝加蒙的執政者野心勃勃的想將王國的主要城市打造成希臘化世界的文化之都，所以開始建造專門羅集修復各種經典作品的宏偉圖書館。此舉引發托勒密王朝的猜忌，由於他們不希望自家在亞歷山卓城那間更加壯觀的圖書館棋逢敵手，所以嚴格禁止向貝加蒙出口莎草紙。貝加蒙的圖書館員就此少了用以繕寫書籍的材料，因此設計出一種由拉伸過後的小牛皮精心製作的獨特替代材質，這種「貝加蒙紙」（Pergamina）的彈性和韌性都比紙莎草要來得好，而薩基翁也嗅到了潛藏其中的巨大商機。

正因如此，薩基翁決定用他的貨物在接下來幾週間盡量換取這種珍貴的紙，同時也得想辦法贏過貝加蒙當地那些貪婪的商賈。

里拉琴樂手

卡莉亞的安納托利亞（Anatolia）希臘城之行既愉快又賺錢，但此刻她已開始打包，準備啟程，該離開貝加蒙並返回希臘了。卡莉亞想將敘利亞音樂的某些特點融入她的創作中，也想加入卡里亞（Caria）洗腦的民謠，據當地人所說，那些曲調都是從千年前流傳下來，儘管這些曲調對卡里亞人來說很古老，但對於阿開亞（Achaea）地區的人來說可就很新奇，而阿開亞正是卡莉亞於的老家。

此外，希臘的夏日節慶活動正進入高潮，通常配合官方節慶舉辦的公開活動或私人派對，此時對於各式各樣演藝人員都需求正盛。首先卡莉亞計畫穿越愛琴海到尤比亞島（Euboea）一趟，她理性推斷當地哈爾基斯（Chalkis）城必會因晚春的青蒿季而廣招各類人員。

希臘地區幾乎所有主打運動的節慶都會伴隨舉辦音樂比賽，一般就會簡單稱作音樂大賽，大多會分為兩組，儘管卡莉亞與下一位歌手一樣樂於讚美諸神，但她仍會避免參加單純敬拜神的「斯蒂芬尼斯」（stephanites），因為最傑出的表演者也只會得到象徵性的花環，固然能獲得聲望，但既不能用來支付住宿費，也不能吃，所以卡莉亞更偏好參加「費曼特克以」（thematikoi），畢竟得獎能拿到實實在在的德拉克馬。

早些年，卡莉亞只能在配合主節慶舉辦的私人派對上找到工作，因為過往官方大活動都只聘請男性演出。然而隨著後亞歷山大希臘化帝國拓展至亞洲及埃及，各城舉辦的節慶活動已遠多於表演者的數量，所以議會不得不面對艱難的決定，只能選擇要降低篩選表演者的標準，或是讓女性表演者也加入競爭行列。一般來說，議會不情願地選擇後者，但遭到希臘的男性吟遊樂手強力反對，他們甚至還自組行會，以有效確保他們的稀缺性。

卡莉亞挖苦地表示要參加尤比亞島的青蒿祭，競爭的樂手要提前五天登島，而這段期間的食宿會有當地全包，這樣明擺著的慷慨大方說明，樂手將於剩餘的活動期間為遊行、祭祀和運動賽事奏樂，且每天只有一德拉克馬的酬勞。田徑賽可說是必備音樂，舉例來說，多數跳遠和標槍選手都會請笛手或里拉琴樂手在他們發力前奏樂。卡莉亞返回雅典的路上勢必會經過尤比亞島，所以她考慮在當地停留，賺點旅費，並享用哈爾基斯提供的烤羊全餐。

卡莉亞會不疾不徐從尤比亞島移動至雅典，目標是在悼念阿多尼亞（Adonia）開始前抵達，阿多尼亞是悼念阿多尼斯（Adonis）的儀式，阿多尼斯是阿芙蘿黛蒂（Aphrodite）短命的配偶，死於一場荒謬的野豬事故。阿多尼亞的性別歧視比希臘其他音樂活動更為嚴重，但是對卡莉亞有利，因為悼念阿多尼斯的儀式是僅有女性慶祝的活動，不論是公開或私人場合，女性音樂家都炙手可熱，所以往往能獲得高薪，但活動期間主要得演奏冗長的輓歌是卡莉亞認為的唯一缺點。

話雖如此，卡莉亞能從阿多尼亞得到大眾對於她新曲的回饋，此次作品採用的是她在小亞細亞時學到的弗利吉安（Phrygian）八度音階結構，但仍加入三度及五度結構以符合希臘的聽眾喜好，卡莉亞對這首曲子相當滿意，並期待能填入合適的詞。

雖然絕大多數的體運賽事都會搭配藝術，然而其中最具盛名的奧運卻沒有，無論是卡莉亞，或她的同業都為此十分惱怒。舉例而言，德爾非（Delphi）地區為榮耀阿波羅所舉行的皮提亞運動會（Pythian Games），就會為藝術的守護神舉行慶典，各類表演競賽都會搬上檯面，屆時除了會有大汗淋漓的男子又跑又跳，也會有誇張的獨奏會、啞劇及一系列音樂比賽節目，包括純器樂及人聲搭配樂器演奏的競賽。

雖然奧運會沒有規劃正式的音樂比賽，但非官方的活動比比皆是。奧運期間各地的貴族與富商蜂擁而至，此時的盛況是希臘化地區其他時間與地點都無法比擬，人人都想一鳴驚人，有什麼方法會比贊助音樂競賽更能展現自己的財力與涵養呢？

卡莉亞最近在別迦摩集市注意到一只音樂比賽的告示，該告示於安納托利亞的各大城市甚至全希臘化世界可說是隨處可見。

為了大肆慶祝奧運，馬其頓安條哥國王（Antigonus of Macedon）透過西提姆的珀色烏斯（Persaeus of Citium）特使傳信，他打算在前兩天的體育比賽結束後舉行一場音樂比賽作為節目。

第一場將於選手從伊利斯遊行至奧林匹亞後的第二天舉辦，主打吟誦荷馬史詩（詩詞朗讀）、詩文改編（英雄史詩的趣味改編），以及配合笛聲演唱。

隔天主要是長笛演奏及琪塔拉琴自彈自唱，然後是二重奏，最後是琪塔拉琴獨奏，所有參賽者必須留到最後，以於祭祀宙斯時為安條哥國王的福祉及希臘的和平與繁榮而奏。

最令卡莉亞心動的終究是豐富的獎項。她感興趣的項目是琪塔拉琴自彈自唱，第一名將獲得一千德拉克馬、第二名獲得七百德拉克馬、第三名及第四名則分別獲得五百與四百德拉克馬，泛雅典娜節（Panathenaia）或托勒密節（Ptolemeia）等希臘化地區的重大節慶競賽獎金都十分可觀，只要比賽是由馬其頓國王贊助，獎金自然是不會少。

儘管身為女子，卡莉亞並不能目睹奧運賽事（因為男子們會全裸競賽），但為了那些錢走一趟伊利斯還是絕對值得，畢竟她至少能一探世界級的音樂表演。

第9章

六月

成

ΓΑΜΕΙΛΙΟΣ ΟΛΟΚΛΗΡΩΣΗ

農民

每當收成時節來臨，伊菲塔需要她可以集結來工作的每一個男人、女人、孩子與動物。在葡萄園裡做陶藝的優閒時光、庭院的蔭涼座位上閒坐，還能愜意又頹廢的睡到破曉，這些春季尾聲的慵懶日子如今都結束了。這個月份被眾人稱之為「收成者」，這個月份結束且作物都收成之前，大家都別想睡飽了。

在收成時節，通常大家都會希望在太陽完全升起之前，將三分之一的工作做完，因此伊菲塔總是早早起床。即便工人們還在摸黑集合，她也必須確保工人們有足夠的補給與工具，牛軛也將牛犢與牠們的拖車連在一塊，大家也都知道自己應該負責哪塊田地上的工作。一旦天亮的可以看見東西，收成活動就開始了，穀物的莖仍因晨露而濕濡，因此比較容易割下。一大早的涼意讓人工作起來更加舒適，直到海利歐斯駕著他那滾燙的戰車橫越半邊天空，熱度將工人們原本褐色的肌膚烘烤的更加均勻。每一天都要與太陽賽跑——首先，必須在熱氣讓人吃不消前完成工作；接著，在黑暗籠罩大地之前帶回足夠的農作物，一天才算是結束。

當然，早在收穫工作的幾周前，伊菲塔就已經開始忙碌了——她親自走訪了貧苦的人家與鄰近的村莊。她也在爭奪這些來自小農的勞力，就像這個地區其他的農夫一樣，在這個月大部分的時間裡，每個伊利斯郊區的農村裡可以說是人去樓空，獨留嬰兒以及非常年長的老人留下來看顧山羊與雞群。每一個人都是田裡不可或缺的勞力，而對伊菲塔來說，與鄉下人們深刻的情感連接正是她延攬收割勞力的來源。

同樣重要的還有與附近農夫的談判交涉，說好誰可以在什麼時間共用哪個工人。幸運的是，伊菲塔在大部分鄰居選擇種植大麥時，賭了一把在冬季小麥上，而大麥收割的時期約莫早小麥三個星期左右。這表示伊菲塔有一大票勞力可以選擇，附帶的缺點則是許多人都已經因為每天工作十六個小時而精疲力竭了——這個例子說明了，為何收成一次，可堪比在狂風暴雨的海上航行五天的壓力。

為了鼓勵工人們，伊菲塔自己也在農地裡從天還沒亮待到太陽下山之後，一面鼓勵收割者們，同時也將他們分成小隊，鼓勵他們彼此競爭，看誰能在最短的時間內將最多的穀粒收集起來。剛宣布完獎項，收割者們便會排成歪七扭八的隊伍沿著田間往前移動，男人們排在前面。每個男人都手握一把穀粒，接著熟練的一扭，斷去了植物的莖。接著，男人將這把稻穀往肩後一丟，於此同時，仍保持著俯身的姿勢，繼續握住下一把稻穀。在他身後，女人將莖撿起收集。當她收集到十或十二把稻穀之後，便會用一段麥莖綑在中間固定，接著將這些整理好的作物堆在地上。接著她最年長的孩子便會沿路將這些稻穀一綑綑的收集起來，四綑綁成一垛，讓穀穗直立放置，田裡最後會留下一小列的穀穗，方便馬車前來收集，接著運到穀倉去。

這個程序維持了至少有千年之久，最早可回溯至當荷馬寫下：

收成者揮動鋒利的鐮刀，割下穀物，

莖幹飄落成一條刈跡，
收集者們將其成綑綁起，
將稻草捲堆成垛。他們的身後跟著孩子，撿拾落穗……

荷馬，伊里亞德 L. 555

並不是所有田地裡的穀物都會被採收，因為傳統習俗會將田地一角的作物獻給大地，作為田地自己的那一份收成，也因此有一角田地仍未經採收。而且，小麥今年的收成也十分可觀，不僅擊退了蟲害，連麥穗都飽滿肥碩，因此伊菲塔認為她有能力可以慷慨一點。在中午休息的時候，她穿梭在各個工人的小團體之間，他們在田邊的樹蔭下休息放鬆，談笑、嬉鬧或者八卦一番。必畢竟這是一個不同村莊的人們碰面與交際的場合，不少沒有婚約的年輕男女都在互相打量著對方——於此同時他們的家長也沒有閒著，同樣在為子女們挑選門當戶對的另一半。

雖說見怪不怪，伊菲塔忍不住還是讚嘆起年輕人的精力，在一整天的收成過後，她在床上想做的唯一一件事就是睡覺，而她也確實睡得挺不錯的。

在工人們於黎明前集合完畢時，獵戶星座就已經從地平線的那一端探出頭來，這預告著脫穀（threshing）工作馬上就要開始了。這是一個困難又髒兮兮的工作——要先把一堆又一堆的穀物鋪在脫穀場上，工人們再輪流用長長又有重量的連枷捶打麥稈。要將穀粒與麥稈都打成軟軟的一團，需要花上數天時間，讓麥稈碎片（糠）與穀物混和在一起。接著就可以準備簸選（winnowing）的作業了。

伊菲塔一直留心著天氣的變化，她發現了羽毛狀的馬尾雲層，這是天氣即將變化的象徵。如果強勁且乾燥的愛琴海北風提早颳起，那麼麥子的簸選作業至需要幾小時就能完成。只要執行工作的這個階段裏遇上對的風力，一部分強壯的工人就會走到穀倉外，在脫好穀的麥堆旁就定位。他們會將簸選用的扇子深深插進作物堆中，接著將他們鏟起的穀物拋向空中。如果風力較小，他們就會丟得比較高，而在強勁的風中她們則會調整好某個角度，拋起的幅度也較低。如果操作得當，穀物就會落在他們的腳下，較輕的穀糠則隨風飄走，這些糠之後會被耙起來，撒進田裡作為肥料。留在穀倉邊上的是農場幾個月來辛勤勞動的成果——金字塔形的穀物堆，可以準備進行下一階段的篩分和儲存。

當她帶著滿滿的收成回家時，就該是要聚集工人與朋友們開一場慷慨激昂的派對，接著餞別。派對可能會持續一天半左右——接著，在仔細的把農場待辦事物交接給她的工頭之後，有點宿醉的伊菲塔就會趕往菲亞（Pheia）的港口，從那裏坐船到雅典去參加她兒子的婚禮。

使節

雖然當了多年的外使，但這還是珀色烏斯第一次來到亞歷山卓。某種程度上很難想像珀色烏斯竟然從來沒有來過這裡，因為即使希臘化時期各國間競爭、戰事頻仍，角力未曾歇息，但諸王的關係仍然相當密切。各國首都間向來有互派外使祝賀皇室新成員誕生的禮節，希望化解可能的邊境衝突，雖然更多時候是兩大強權之間藉此組織秘密同盟，打亂第三勢力布局。

以珀色烏斯的情況來說，他能來到這裡，是因為安條哥國王出於幾個原因決定派遣自己的使者前往埃及。第一個原因是馬其頓接獲消息，稱托勒密二世抱恙，多年政權恐將畫下句點。安條哥想瞭解這項消息究竟是否屬實，若這位埃及國王真的不久於人世，那珀色烏斯就必須探知托勒密的繼承人是誰，雖然可以說繼承人十有八九會是托勒密三世。（雖然托勒密二世是位讓東地中海地區諸國頭痛的人物，也是其主要威脅，但他出色的統治能力也受到眾人認同，王位繼承事宜就如其他托勒密王國中的大小事一般，早已妥善安排。

派遣使節的第二個原因，如果有人真的這麼不識外交禮節直接前來打聽的話，珀色烏斯一定會極力否認。簡單來說，馬其頓希望埃及和塞琉卡斯王朝彼此興兵，若兩強相爭，馬其頓的安條哥國王就能騰出手來料理自己的事務。因此，珀色烏斯的任務就是告知托勒密家族，若埃及計畫出兵塞琉卡斯王朝，馬其頓不會干涉（實際上可能沒這麼多話就是了）。

以這樣慷慨的中立之舉作為交換，馬其頓希望換取埃及承諾停止干涉希臘政務，特別是不再秘密支援斯巴達人或慫恿熱衷滋事的西錫安年輕民族主義詩人阿拉托斯，因為阿拉托斯似乎一直意欲集結伯羅奔尼撒半島北方城邦，形成反馬其頓聯盟。

然而，要說服托勒密王國，難度並不亞於遠赴千里至亞歷山卓。珀色烏斯深知托勒密王國的富饒與強大，但心中抽象的認知，和現場眼見耳聞的衝擊相比，完全是另一回事。其實，珀色烏斯在見到亞歷山卓的城池前就已深感震撼，當時他所搭乘的船舶離港口尚有數十里，但珀色烏斯突然注意到遠方的海平線上突然出現閃爍的光芒，彷彿是有人讓一面銀色盾牌隨波漂流。而船長和這位使節再三保證，這道光不只是閃耀海平線上而已，還照映到另一頭的世界——珀色烏斯看到的是矗立在世界上最高的人造建築頂端的巨大鏡子反射的光芒，那正是赫赫有名的法洛斯燈塔。船長還說道，幾年後，燈塔將在夜晚點起火光，照亮更遠的地方。

隨著船舶駛入亞歷山卓港，珀色烏斯終於有機會親眼一睹燈塔的真面目。燈塔周圍大多還搭著鷹架，大批工人正努力完成最後修飾，但主結構已大抵完成，整體高度來到一斯塔德，相當於四十棟單層樓的建築彼此相疊。高聳的燈塔佔據了法洛斯島大部分面積，而燈塔和大陸間則有堤道連接。

與此同時，在港口的左側可以看到羅奇歐斯角的小山丘上，宮殿、樹叢和房舍櫛次鱗比，規模之宏偉可說是珀色烏斯生平見過之最。身為皇室外使，珀色烏斯獲特許從埃及皇室的私人港口安蒂霍多斯登岸，但他早已等不及近距離一睹主港口的風采。港口中滿布樣式大小各異的船舶，可以看見造型獨特的阿拉伯沿海船、龐大笨重的腓尼基商船、黑海商隊堅固的艦隊。托勒密王國大部分的財富仰賴貿易活動，珀色烏斯努力讓自己不動聲色，但看見這興盛的貿易產業，一切卻已瞭然於心。

珀色烏斯雖未提及，但心裡就像孩子一樣期待第一次親眼看到駱駝。他曾以為在賽琉細亞時會看到駱駝，但一行人抵達地中海沿岸時，大部分來自東邊的國際貿易商人已改為將騾子當作主要運輸工具。相較之下，對托勒密王國而言，駱駝是從紅海港口將貨物運送至亞歷山卓，以及從中亞的家鄉進口數以百計的野獸最好的運輸方式，因此駱駝在北非地區變得十分常見。

依照常理，在港口負責接待珀色烏斯的官員，自然是想讓這位外使對埃及的強大與富庶留下印象深刻，同時也藉此強調埃及是希臘化世界的新中樞。在住所享受一晚的極盡奢華後，珀色烏斯隔日便被安排在城裡參觀。

珀色烏斯提到，參觀行程很謹慎地將他帶往希臘區，陪同人員鮮少提到城市中其他幾大主要民族，如腓尼基人、納巴泰人、阿拉伯人和努米底亞人。此外，他也很難不去注意到人口密集的猶太房舍，這裡且十分靠近皇宮，必須先穿過此區才能前往城市其他地方。不過，即使是在猶太區也能明顯看到埃及本地文化的影響，有些官方建築有著高雅的希臘門廊和纖細帶有溝槽的科林斯式柱，有些建築則使用埃及當地的蓮花式柱。

若珀色烏斯只是普通的知名觀光客，他在亞歷山卓的行程多半會被帶往城市建立者亞歷山大帝的墓穴參觀。但顯然事情不會這樣發展，因為對憤怒的馬其頓人來說，墓穴中偉大征服者亞歷山大帝的屍體正是遭竊至此——亞歷山大的屍體在運送至馬其頓境內的陵寢途中遭竊，接著被非法運至埃及下葬。（這是托勒密一世為了宣傳政變的正當性所為，因為馬其頓國王死後通常由其繼任者親手埋葬。托勒密一世奪取亞歷山大的屍體並將其埋葬，藉此向希臘化世界宣示他才是真正的最高統治者，而這也是他的兒子和孫子奉行的信念。）

珀色烏斯並未參觀這個托勒密王室放肆無禮建成的墓穴，而是被引導至運動場（運動場本身是大型壯觀的建築群）旁的人造山坡帕尼安，這裡可以遠眺整座亞歷山卓，也是當時世界上最大的城市。從山坡上可以清楚看見亞歷山卓橫亙在地中海岸的岬角和馬里奧特湖之間，形似男性戰士所穿的短斗篷克拉米斯（馬里奧特湖是尼羅河下游擴散開後形

亞歷山卓圖書館

雖然托勒密一世提出建造一座蒐集全人類知識的圖書館的構想，但一直到他的兒子托勒密二世才將其付諸實現，接著後世繼位者又繼續將圖書館擴建，在巔峰時期，亞歷山卓圖書館典藏卷軸約有五十萬卷。該圖書館隸屬於更大的研究機構謬思之家，機構設立宗旨為集結古代世界最頂尖的學者，因此也可以說是是世界第一所大學。這裡的許多學者鑽營圖書館裡的文獻，而現代所見荷馬、海希奧德和其他古代詩人的作品，或許皆經過這些學者之手。

成的湖泊，連結地中海和部分的尼羅河三角洲）。這裡也可以看出托勒密的深謀遠慮，他明白城鎮中那些形狀特異的坑洞，不久將會成為大型的地下蓄水池，確保亞歷山卓在乾季或受到圍攻時等情況時，水源能夠供應無虞。

珀色烏斯之後還會參觀塞拉比尤姆神殿、謬思之家，以及堪稱是世界第一所專門大學的的亞歷山卓圖書館。不過在這之前，那些帶領默不作聲的珀色烏斯的官員早已達到他們的目的。珀色烏斯清楚明白到托勒密王國的強大和自信，他們不可能任由馬其頓、塞琉卡斯王朝欺凌或是對其感到一絲懼怕，那怕是兩國合作也無奈其何。

逃奴

瑟拉塔坐在自己狹小的房間裡凝視著一個裝滿乾樹葉的小亞麻袋，裡面大部分的樹葉都比她小指末端的指節還要細小。瑟拉塔的師傅歐多西亞途經沿海小鎮福卡時在市場購入這個袋子，賣家當時提及他們打算前往貝加蒙拋售其餘的庫存，而歐多西亞在看見袋子裡的貨物後欣喜若狂，甚至為此帶著瑟拉塔離開商隊，匆匆向北趕往貝加蒙。

歐多西亞告訴自己的徒弟，賣家並不知道這些外型普通的樹葉對特定顧客來說價值連城，甚至可以換到他們好幾倍體重的黃金。瑟拉塔聽聞後不禁心生疑竇，為何賣家會不知道這件重要的事呢？不得不說這批貨物很可能是賣家劫持他人的貨運駱駝而來，許多從絲路運來的貨物往往無法順利送達所有權人的手上，賣家可能是在得手後發現贓物不是絲綢或香料，而只是一大袋奇形怪狀的樹葉，因此大失所望，所以才會不明所以的將貨物賤價拋售。

這些葉子即便經過乾燥仍芳香撲鼻，所以賣家將這批貨物當成芳香劑在福卡出售。由於這些葉子來自遠東地區，所以哪怕是經驗豐富的草藥師也認不太出這是珍稀的藥草——青蒿。想到大量的青蒿在不為人知的情況下即將於安那托利亞北部流通，歐多西亞就難忍心中的旺盛的購買欲，因此她一發現這些青蒿即將銷往貝加蒙，就毫不猶豫的帶著瑟拉塔匆忙前往。

更何況在士每拿的小插曲過後，師徒二人和商隊間的關係可謂急轉直下。獵奴人抓住瑟拉塔時，歐多西亞並沒有真的撒謊，而是用扭曲真相的方式從獵奴人的魔掌中救出徒弟，歐多西亞的確依照風紀官要求褪去瑟拉塔的褶襇上衣，還花上冗長的時間檢查她的背部，不過她走出帳篷後卻宣布瑟拉塔的背上並沒有任何鞭痕，若在場的士每拿人有所要求，她甚至願意在任何神殿的神靈前為此結果的真實性立誓。

由於懸賞令特別強調該名逃奴的背上有鞭痕可供指認，大多數人也就不再追究。等到獵奴人帶著另一個女子衝回帳篷要求再次檢查時，女孩已無影無蹤。為了避免當時提出建議的騾夫與歐多西亞師徒的關係被揭穿，商隊隨後也很快離開土每拿，本該能獲得更多利潤的商務旅途也就此提早結束。

儘管歐多西亞發誓她沒看到瑟拉塔背上的鞭痕，但事後商隊成員個個都刻意避免詢問歐多西亞除了褪去瑟拉塔的上衣，是否連她的內襯都一併褪去，成員們不免強烈懷疑歐多西亞並沒有這樣做，而他們最後的推論也堪稱正確，那就是瑟拉塔是個窩藏在商隊中的逃奴。

由於商隊是個排外的組織，而成員們此前已將瑟拉塔視為自己人，雙方至此自然非常尷尬，況且地方政府總會盡可能想辦法能從商隊身上揩油圖利，瑟拉塔此時自然成了商隊的罩門，如果她離開商隊，對大家的發展都有益處，而師徒在福卡找到的那包青蒿剛好提供了離隊的好理由。於是瑟拉塔身現在處狹小的出租住房中怡然自得，而歐多西亞則在貝加蒙的市場尋覓那些去向不明的其餘青蒿，與此同時物色願意付出大筆金錢購買青蒿的特定客戶。

歐多西亞外出尋覓的第一天不太順利，最後只帶了一籃未經處理的核桃回來，而學藝不精的瑟拉塔認為這些核桃看起來和乾癟的李子沒有兩樣。去除核桃外部的果肉已是件髒兮兮的苦差事，而歐多西亞居然還指示瑟拉塔必須同時保留果皮和汁液，不過瑟拉塔也發現核桃的汁液根本是天然的強力棕色染劑，她也得以在一夜之間將髮色從醒目金紅染成灰撲撲的棕色，現在瑟拉塔只要想辦法洗去手上的棕色污漬，再將滿頭棕髮拉出頭巾擋住脖子，就能夠重新外出走動，也能夠前往市場替師傅尋覓那些不知去向的乾燥樹葉，更不要論去殼後的核桃仁味道還相當可口。

蒿草的特性連瑟拉塔這樣的草藥師學徒都知之甚詳，蒿草抹在皮膚上可以防治小昆蟲叮咬，內服則可以驅除腸道寄生蟲，做成艾蒿液還能夠解酒，而瑟拉塔在過去幾個月間就替師傅製作過好幾杯蒿草液。瑟拉塔曾經試著輕咬一口珍稀的青蒿，結果其味道之苦讓瑟拉塔整整一分鐘都乾嘔不止，她心想如果被稱作「甜艾草」的青蒿都這麼苦的話，那她實在不想再品嘗其他種蒿草，而可口的核桃在這方面顯然比青蒿要討喜的多。

古希臘醫學

由於古希臘醫生習慣詳細記錄疾病的症狀、療法及療效，我們現在對希臘醫學有深入了解，這些紀錄頗具研究價值，因為古希臘的醫學儘管在當代看來相當原始，但之後千餘年間的醫療技術都難望其項背，中世紀的名醫往往會嚴格依循古希臘的醫學理論，而醫學之父希波克拉底斯關於截肢的著論到了第一次世界大戰仍是戰地外科醫生的標準讀物。即使到了當代，醫療之神亞希彼斯（Aesculapius）的蛇杖仍是醫療照護的象徵，（不過美國曾因為考據偏差而將阿波羅的商神杖誤用於醫療領域），甚至現代醫生於正式執業前也會頌念希波克拉底斯誓詞，誓詞中提及的「首先要避免危害病患」（first do no harm）也頗負盛名。然而古希臘醫學即便領先時代，當時許多醫生還是會倚賴民俗療法（有時這並非壞事）、迷信或是宗教奇談來治病，不過病人如果篤信那些宗教奇談其實也很難真的造成什麼危害。一塊古希臘墓碑記載，醫生在病人生前以石塊壓胸的方式治療他的嚴重駝背，並隨著時間逐漸加重石塊的重量，雖然不清楚這位病人是因脊椎骨折還是呼吸困難而死，但墓碑上清楚的記載他死去的時候身體「比尺子還要直」。

雖然歐多西亞沒能找到其餘的青蒿，但是她傍晚時就已經找到買家，歐多西亞帶著瑟拉塔趁著月黑風高往上坡處走去（貝加蒙的道路大多不是上坡便是下坡），師徒二人來到一間設備齊全且能夠俯瞰密細亞平原美景的建築，先後接受了一位醫生和病患的諮詢，病患是位中年男子，從他皮包骨的身材可以看出他在病魔侵襲下快撐不住了。

進廚房煮藥對瑟拉塔來說並非難事，不過師徒準備藥劑時歐多西亞倒是花了很大工夫才讓瑟拉塔專注手頭上的工作，而不是癡癡地望著各種昂貴的鍋子和廚具。歐多西亞調製之餘解釋病患得的是三日瘧，除了青蒿的葉子別無其他緩解的藥方，老歐多西亞神情謹慎的指導瑟拉塔將青蒿壓入熱水中，由於病患顯然肌肉非常痠痛，所以她也指示瑟拉塔加入一塊柳樹皮以舒緩疼痛。調製藥劑的水必須加熱到一定溫度才能熬出葉子的精華，但也要小心溫度不能太高，以免剛剛熬出來的精油隨著蒸氣逸散。歐多西亞還補充藥袋裡的花蕾並沒有藥效，而是為了向顧客證明藥草是在花開時採摘才放入，因為此時摘取的藥草藥效最強。

歐多西亞和瑟拉塔解釋他們即將拿上樓的這壺藥，價值已經超過他們在市集擺攤一週的營業額，而且這個商人一旦試過青蒿舒緩不適的效果，一定會掏腰包買下更多藥草。

由於歐多西亞已經構築出一個計畫，不僅能夠賺取大量利潤，還能同時保全愛惹麻煩的徒弟安然無虞，此時歐多西亞已不得不承認瑟拉塔就是她的愛徒，現在的首要任務就是要找到那些已然北送的青蒿。

短跑選手

對短跑選手西米洛斯來說，節慶時分真是怡人。他在過去的幾個月裡沿著愛琴海海岸線旅行，從拜占庭到羅德島的各種節慶都有一一參與。每個城市都有自己的活動安排。有些活動是為了紀念當地的守護神，有些是為了紀念創始人，又或許是為了奴顏婢膝地奉承某個偉大的希臘國王。人們有時會藉此方式感謝希臘國王對城市的積極建設，或是感謝他沒將城池夷為平地。

這些節日都有宗教成分，有遊行和祭祀活動，大多數也有體育和音樂活動。西米洛斯通常都會受到體育盛會的盛情歡迎。他已記取教訓，現在都用自己的真名參賽。多數的奧運短跑對手都在自己的家鄉受訓，一旦赫赫有名的選手加入賽事，將會提升整個比賽的聲望，在鄉親父老的眼裡好不神氣。

當運動員向奧林匹亞遞出參賽意願時，也須連帶保證在比賽前完成十個月的訓練。

通常訓練是在運動員的家鄉進行的，當需要有人證明該選手有持續訓練、沒有偷懶時，鄉親父老就能為他做擔保。然而，總有些例外。像是西米洛斯，由於突發的戰爭，他甚至無法回到自己的家鄉。對這些運動員來說，在當地節慶中勝出即是他們孜孜矻矻為運動會做訓練的證據。

事實上，正是因為戰爭時期四處旅行不易，埃利斯才須向希臘各地派出大使，宣布奧林匹克賽事舉行之日，且暫時休戰。此後，參與運動會的觀眾和運動員將受到宙斯的神聖庇佑和伊利斯當局的實際保護，在交戰國的土地上也能毫不受阻礙地過境。

想知道武力相對貧弱的伊利斯人是如何順利於整個希臘世界（除了相互交火中的羅馬和迦太基人以外，此事讓西米洛斯感到很遺憾）執行此命令的，可以去問問斯巴達人。斯巴達人佯裝尚未收到伊利斯的休戰通知，還曾決定進攻萊普雷厄姆（Lepraeum）。於是，斯巴達人迅速被禁止參加運動會，無論是參賽還是當觀眾。斯巴達人對此禁令提出上訴後，判決下令他們為每個違反休戰命令的士兵支付兩米納（minae）的罰款，才能夠參與比賽。總共有一千多個斯巴達士兵參與突襲，一米納又相當於每個人四個月的工資。因為他們國王的魯莽行為，斯巴達的國庫實在損失慘重。

西米洛斯的教練最近開始和他一起鍛煉，飲食控制還比選手本人的更加嚴厲，這令西米洛斯不禁莞爾。據教練所說，這樣做是為了激起西米洛斯的好勝心，也給他一種有人與他同舟共濟的感覺。儘管他是這樣解釋的，西米洛斯仍懷疑他的教練突然致力於節食和鍛煉是另有動機。

他們目前在萊斯博斯島（Lesbos），即將乘船前往阿爾戈斯，之後他們將從陸路前往伊利斯，最終從那裡前往奧林匹亞的體育場。所有參加運動會的運動員都必須在運動會前一個月向伊利斯的奧林匹克裁判（Hellanodikai）報到。從那裡，運動員被分配到該市的三個體育館之一，並在那裡完成他們的訓練，不僅有他們自己的教練在場，還會由另一個奧林匹克裁判分配的教練監督。

在此期間，不僅西米洛斯將一如以往的裸體進行鍛鍊，他的教練也不得不裸身進行指導。作為一名頂尖的短跑選手，西米洛斯經常是高級官員的座上賓，大會上也常是被拿來炫耀的對象，而他的教練也能隨他一起有福同享，包括桌上的佳餚美饌。於是教練正為在為他先前的口腹之慾付出代價，計畫在其他教練和運動員前一絲不掛之前將他那會抖動的大肚腩完全剷除。

這個害教練面對難堪景況的規則由來，都歸功一位名叫卡利帕蒂拉（Kallipateira）的女士。她是一位奧運冠軍的女兒，另一位奧運冠軍的嫂子，也是自己兒子的教練，而兒子也同為奧運冠軍。兒子教練這個身分，差點讓卡利帕蒂拉喪命。她當時堅持要和兒子一起去奧林匹亞，並在賽事當天繼續訓練。

在從斯基洛斯（Skillous）小鎮到奧林匹亞的路上，在涉過阿爾卑斯河（River Alpheus）之前，有一個大而陡峭的岩石峭壁，當地人稱之為泰帕翁（Typaion）。伊利斯人的法律明令禁止任何女人來參加奧林匹克運動會。甚至只是穿越阿爾卑斯河，都會被抓到提帕翁最險峻的岩石頂端，從那裡被推下，墜落而死。

伊利斯人從未真正執行此條法律，但卡利帕蒂拉無疑是挑戰了他們的底線。她偽裝成一個男人後，不僅參加了奧運會，在那裡訓練她的兒子，然後還非法觀看比賽。當她的兒子獲勝時，高興的卡利帕蒂拉翻越了將教練和選手隔開的柵欄。但不幸的是，雖然她成功翻越了柵欄，她的外衣卻沒有。這起意外暴露了卡利帕蒂拉曼妙的女性曲線。這起意外著實讓大家陷入了窘境，不僅是這位女士的處境尷尬，也因為實在沒有人真的想在奧林匹克運動會的慶祝活動上處決一個冠軍的母親。卡里帕蒂拉，身為一個傑出的奧運冠軍家族的成員，被嚴厲警告後便被放行了。為了確保沒有人能故技重施、重蹈覆轍，規定此後所有陪同選手參加奧運會的教練都要裸體進行指導，這樣就不會搞不清性別了。

訓練時，西米洛斯的教練在他跑得飛快的選手身後氣喘吁吁地提供指令。西米洛斯注意到，儘管教練對他十分嚴格地要求實行禁慾的自我要求，也告誡他的行為必須符合與冠軍應有的最高道德水平，但他自己並沒有斬斷與一位來自邁爾斯的年輕捲髮女孩之聯繫。

第 10 章

七月

成

ΑΓΡΙΑΝΙΟΣ ΟΛΟΚΛΗΡΩΣΗ

新娘

早晨將至，來自滿月的最後一縷光線照亮了房間角落，昏昏欲睡的艾菲亞思索著她年輕生命中最動盪的二十四小時。雖然部分正式婚姻儀式還沒有完成，艾菲亞卻已認定自己是個已婚婦女了——因為婚姻本身已然成說。艾菲亞回想自己的婚禮前日（proaulia），某種形式上這算單身派對的一種派對上，姊妹們給了她滿滿的指示，告訴她「什麼東西」該「放去哪裡」——不僅鉅細靡遺還淫穢詼諧；而現在，「實踐理論」所帶來的樂趣讓她忍不住泛起了笑意。

很顯然，沒有人費心去教卡里彼底斯關於「理論」的部分。所以昨晚艾菲亞只好拋棄羞怯新娘的角色，帶頭演示起荒誕的結婚歌謠（是一種叫做 epithalamia 的祝頌喜詩）的實踐部分，新郎的朋友們將這首歌當成小夜曲徹夜吟唱，歌聲貫穿寢室門板，直到最後一聲合音被醉醺醺的打呼聲替代。沒錯，還真是漫長的一天——也是漫長的一夜。

在婚禮前天的派對後，讓艾菲亞確實成婚的步驟也逐漸邁入高潮。艾菲雅的父親象徵性的剪掉了自己女兒頭頂的髮絲，這個舉動表示剪去女孩先前的生活，以及斷絕與原生家庭父母的關係。完成這個儀式後，新娘就會在眾人的陪伴下來到她的沐浴溫泉（loutra），這是正式的淨化之浴，正好緩解了昨天大姊夾帶進婚禮前日派對的私釀酒所造成的輕微宿醉，讓艾菲亞感到神清氣爽。

到了下午，在有著奢華裝飾的烏拉諾斯（Ouranos）聖殿裡，男人們（包括羞澀的新郎倌）正在蓄勢待發的醞釀參加婚宴的心情，這對幸福佳偶的家族成員與親近好友稍早已經飽餐了一頓烤羊大餐，食材來自於艾菲雅的父親為祈求婚禮成功所舉行的獻祭。

出乎眾人所意料，這隻小羔羊竟是從伊利斯進口的，牠隨著新郎的母親一路自家族農場至此。抵達後，伊菲塔馬上與艾菲雅的母親密談，不僅取得了指揮婚禮的主導權，讓新娘家庭暗自鬆了一口氣的還有負擔一部分婚禮的費用。在艾菲雅的父親試探性的針對伴隨冗長婚禮過程每一步的婚禮歌單提出建議時，伊菲塔用一句劇作家歐里庇德斯

(Euripides)打發了他:「以阿爾戈斯女神赫拉知名啊,拜託不要!去管管家庭瑣事以外的事吧,我才是做決定(怎麼做才對新娘最好)的人。」

落日餘暉之時,主婦與女孩們也加入了婚禮隊伍,艾菲亞坐在其中,一身婚禮華服配上番紅花面紗,接受已婚婦女溫柔的關愛眼神,還有女孩們投射來的羨慕眼光。艾菲亞這一生還沒有受過如此程度的關注,讓她有點招架不了,甚至有些暈眩。她其實有點不太確定到底發生了什麼事,因為也沒有人覺得應該要讓她懂,或者特別讓她參與在各種活動當中,畢竟她一直都是瞇著眼透過面紗試圖搞清處周遭發生的事;不過當番紅花面紗由新丈夫溫柔掀起的那個瞬間,她卻清晰地感受到了。這個揭開面紗的儀式是她從新娘轉變為妻子的另個步驟,就像是這對佳偶即將享用的芝麻蛋糕一樣,那會是他們共進的第一餐。

卡里彼底斯與艾菲亞之間立即有了一定程度的共鳴,這樣的惺惺相惜源自於他們彼此都認為自己身邊的一切事物都被他人控制著:無論是不堪其擾的伴郎模仿伊菲塔對卡里彼底斯那連珠炮般的指指點點，或者伊菲塔的姊妹們邊笑邊給的建議（有些建議她很確定當成耳邊風就好），都讓這對新人更加認定彼此同病相憐。

火把取代了落日餘暉，於此同時，燒烤食材醉人的香氣、眾人大聲交談的刺耳喧囂、舞者的喊叫聲，神聖草藥燃燒的氣味、管樂器的共鳴以及里拉琴的弦音，深陷一片五彩繽紛的布料交織成迷人的漩渦。

此時，艾菲亞識到婚禮派對的人數有所減少，她很快就猜到是婆婆伊菲塔幾人已經先離開，為的是準備去新家迎接新娘，當然對於這對新人而言，所謂的「新家」就是艾菲亞已經住了大半輩子的地方，她成為已婚女子後會在此多住一個月，直至卡里彼底斯完成學業，八月時兩人才會以新婚夫妻的身分返回伊利斯。

其中一位全程陪同艾菲亞的姊妹輕輕用手肘推了推，艾菲亞立即站起身，她敏銳地意識到全場都停下動作，準備目睹接下來這一刻，此時眾人已抵達神殿庭院門口，艾菲亞的父親牽起她的手，然後微微顫抖地將手交給卡里彼底斯，負責保護艾菲亞的男性自此從父親改為丈夫，父親自此在法律上不再能替艾菲亞做決定。

隨後新人一邊走出庭院，一邊接受朋友與家人們丟來的堅果、無花果和棗子洗禮，兩人登上返回婚房的牛車，參加婚禮派對的一行人喧鬧地穿過街道，艾菲亞再次成為眾人的焦點，她感到不知所措同時也欣喜若狂，頓時年輕人們圍成一圈手舞足蹈，四周里拉琴聲夾雜著笛聲，沿途的家家戶戶都站在門口或樓上的窗前歡聲祝賀。

一行人來到了房子前裝飾有花圈的門口，伊菲塔在那裏已經高舉著火把迎接他們了，一路上競爭大過於和諧演奏的音樂家們此時也終於達成了協議，奏起同一首歌曲，而整個迎親隊伍也開始唱和起來。

永生的宙斯之女阿芙蘿黛蒂
您是詭譎的編織者
我祈求您別讓傷痛碾碎我的心

如果您聽到我遠在天邊的呼喊
現在就過來這裡如同你離開你父親時那般
當你駕著戰車與小麻雀的美
引您從天落至黑暗的大地。

莎芙《阿芙蘿黛蒂頌》第一章第三節

艾菲亞家的院子裡，慶祝活動一直持續到夏日大三角的星宿——天鷹座、天鵝座與天琴座明亮清晰的在天空中閃爍。接著，艾菲亞在姊妹們的陪伴下端莊有禮卻步履蹣跚進入洞房，等著新郎的一眾朋友則抓住滿臉驚嚇的卡里彼底斯，把他丟進房間與新娘相會。

眼下，當她依偎在酣然熟睡的丈夫身旁，艾菲亞已經開始期待婚禮早餐，也想看看伊菲塔從伊利斯帶給她的禮物。她想，已婚生活其實也沒有那麼糟嘛。

建築師

竣工之時，天下的建築師無一不百感交集。如果工作進行順利便會感到心滿意足，完成代辦項目後也會鬆一口氣。就米頓的情況而言，可能便是對為追求速度而做出的妥協感到遺憾，對客戶強迫他改變設計感到惱火，也對那些雖然普通參觀遊客看不到，但在訓練有素的人眼裡卻非常明顯的錯誤和缺失感到微微的尷尬不堪。

例如，人們會發現到角落那塊石材的排列往右偏移了一個手指的寬度，定睛一看也會觀察到一條貫穿石塊的裂痕，儘管此斷裂已被小心翼翼地黏合了起來。這不盡然是米頓的錯，這塊石塊在被抬到位時從繩索上鬆脫滑落了下來，撞到了柱座，也就是柱子現在所在之處。沒有可替換的石塊，米頓不得不把這東西重新黏在一起，盡可能的充分利用它。

問題在於，要重新利用舊神殿，米頓不得不使用二手的石塊。從採石場新運來的處理過的石塊邊上都會有手把，供運輸時用繩索將之吊裝到位。就定位後，手把就會被敲鑿掉，這樣形成的一堵光滑平整、毫無裂紋的石牆能讓觀者眼前一亮。米頓委託他人額外製作的幾塊新石塊都差強人意，太過方正，中規中矩，少了那使神殿看起來更宏偉、更筆直、更優雅微妙的曲線和角度。

雅典帕德嫩神殿便是一例。它那微微向內傾斜的牆壁，視覺上使建築物比實際上看起來更拔地參天。如果帕德嫩神殿有五十斯塔德（斯塔德為古希臘、古羅馬長度單位，為現今的一百八十公尺）那麼高，兩邊牆壁就會碰在一起，屋頂的存在根本就是多餘的。由於缺乏時間和技巧純熟的工匠，塞拉皮斯這匆匆忙忙建成的神殿牆壁拔直挺立，形成的兩條平行線無論如何延伸都永無交會點。在怨忿不滿的米頓眼中，它簡直就像隻蹲在山脊上的畸形癩蛤蟆。

從地窖到屋頂，米頓在心中速速地盤點了已完工建築的各個部分，細數成敗，化此次經驗為他山之石，成為日後可以攻錯的借鏡。雖然，收到滿意的客戶付款金額後，有

希臘神殿的功用

或許希臘神殿的特色中最重要的一點就是它並非教堂。教堂是為了會眾能聚集在一起敬拜神而設計的地方。看了希臘神殿的設計就會立即發現，它並不是為此功能所設計的，普通的朝拜者也不會踏入神殿。神殿就是神的房子，普通老百姓是不進去的。曾踏進神殿的人們便是就是侍奉神祇的祭司們，負責確認在正確的時間舉行適當的祭祀和節日，並確保獻祭的祭品合宜適切。希臘祭司沒有教牧的職責，多數也對他們「會眾」的道德潔癖不感興趣，畢竟會眾中許多人也常去敬拜其他的神。古代的祭司不佈道，也因此並沒有理由前往神殿聽他們宣教。

錢人米頓其實再也不用工作了，案子如果得他歡心才會承接。

米頓認為差強人意的地基，是由排柱基座（stereobate）、神殿基座（crepidoma）和柱座（stylobate）組成的。排柱基座是漂亮的方形花崗岩塊建在堅實的天然岩脊上所建成的，是整個工程中做工最好的部分，可惜的是沒有人會看到位於地底的地基。這次的基座是如此堅固，天搖地動大概都堅定不移，克羅諾斯山可能得翻筋斗，柱子才有可能塌下。神殿基座由三層石頭組成，每層都比下面那層略小一點，形成神殿周圍通往神殿柱座的三個大台階。柱座是抛光過的大理石地板，美中不足的是有一塊修琢石（dressed stone）從高處落下擊中了中央，形成了一點裂紋。

地面的整體設計是一種整齊且功能性高的類型，是個四柱式門廊（tetrastyle）的前後排柱（amphiprostyle）設計，前後有不幸被刻上凹槽的多立克柱，中間則是構造堅實的納斯。納斯是神殿裡的中央內殿，建得像一個銀行的金庫一般，因為那正是其用途。

此刻，工人們正抬著鷹架和拆開的大塊象牙穿過神殿的實心黃銅門。在接下來的十天裡，他們將煞費苦心地將這些材料改裝成將威震神殿八方的黃金象牙（chryselephantine）神像。雕塑的「黃金」部分特別令人頭痛，因為米頓必須一絲不苟地向客戶說明每一粒金粒的下落。幸運的是，雕像上那些看起來像巨大純金塊的部分，好比神像霧鬢風鬟的頭髮，實際上只是在木質雕塑上打成的一層金箔罷了。此後，更多的供品將被存放在神殿下面的地窖裡，如：金雕像、投票鼎和其他寶物。神殿迎來的供品猶如爬滿岩石的地衣般，一樣地隨時間過去而積累了起來。

對建築師來說，要完成雕像是一場噩夢，必須四面八方派遣信使至整個地中海沿岸各處。米頓終於找到了象牙供應商，也安排了雕塑家在材料從亞歷山大運往希臘之前就開始動工。黃金是單獨運到伊利斯的，最後由米頓將其運回埃及。如此一來，木工、雕塑家和金工就能同時同地一起工作了。終於，商人帶著雕刻完成卻尚未合體的雕像出現了，現在則正在進行安裝作業。商人說他是因病而耽擱了時辰，米頓認為這個藉口實在可信度蠻高的，因為他上一次看到有人面色如此枯黃，是一具被抬上棺材要被火化的屍體。

距離奧運會剩不到三週了，轄區內的工作也愈發繁忙。第一批遊客已經在山上徘徊，目不轉睛地盯著新神殿的工程進展。被聘雇的石匠和工人們的工資大多已經結清。在這之前，在米頓的資金會先用罄還是工程會先完工之間，實然是場激烈的拉鋸戰。現在埃及人已經付清了錢，剩下的金額還有餘裕能續聘漆匠和雕塑家們，為作品添上點睛之筆。

希臘神殿並不是以純白色大理石建成的單色建築。希臘人喜歡華麗無比、近逼俗艷的神殿。柱頭被塗成綠色（塗料由孔雀石為材料製成），楣樑上的棕色假粱穿插著明亮的藍色（天青石製成）面板，而牆上的花飾則用紅色（硃砂製成）和黃色（砷製成）點綴，陰影則是以燒過骨頭的黑色加深了。而屋頂呢，當然是艷麗的紅色黏土瓦片。

當漆匠完成後，神殿將矗立，散發著孔雀般的耀眼光輝。這幅景象或許在習慣柔和清淡色系的北方氣候帶很是突兀，在地中海的炫目陽光下，卻恰到好處、再正常不過了。

米頓端詳了這棟建築好一陣子，然後輕輕地聳了聳肩。他承認，它看起來很美。但任何知曉蓋建神殿時所抄的捷徑、不得已用上的那些權宜之計之人，都不得不默認，這樣的美只是表象罷了。不過，考量到當時刻不容緩的時間壓力以及有限的建築材料，米頓認為他表現得還算不錯。

逃奴

瑟拉塔重返希臘，不過她長久以來的擔憂並未成真，因為瑟拉塔並非以逃奴的身份拖著鎖鏈被押回來等待主人處罰，現在的她已是富商備受禮遇的隨扈。

瑟拉塔現在偶爾仍會在市集上聽見有人宣讀自己的懸賞令，幸好這一年來瑟拉塔的外貌已大不相同，所以與懸賞上的描述相差甚遠。比起將近十二個月前逃亡比雷埃夫斯的瘦弱模樣，瑟拉塔的身形因為規律的飲食習慣和遲來的發育期變得高挑、圓潤，神情中也散發著自信，這段期間她也一直在蓄髮，有時若沒有穿戴樸素的頭巾來遮住脖子，瑟拉塔便會將頭髮全部放下，如此一來她的刺青便會為滿頭栗棕色的髮辮所掩蓋。

瑟拉塔不得不和師傅歐多西亞在貝加蒙分道揚鑣，當時歐多西亞因為慶祝順利尋獲那批北送的青蒿喝得酩酊大醉，酒精的催化下的歐多西亞止不住感傷，別離的過程師徒二人都淚眼婆娑。

歐多西亞以不及市價一成的價格從不識貨的賣家手中購入青蒿，卻能在兩天後以兩倍市價賣出，若買下青蒿的商人知曉內情也一定會讚嘆歐多西亞的商業頭腦，不過此際商人是以顧客身分消費，有鑑於青蒿可遇不可求，且商人對歐多西亞的藥水舒緩三日瘧的奇效喜出望外，他其實大有可能出更高的價格買下這批青蒿。

更何況歐多西亞當時眼見藥劑能大幅舒緩商人的病症，所以大肆誇大了調劑的難度，老奸巨猾的歐多西亞堅稱這種青蒿藥劑只有技巧純熟的草藥師才能製備，且草藥師還必須依照患者的病情不定時地施藥。（歐多西亞後來向瑟拉塔坦承自己完全不知道適當的施藥期間為何，還告訴愛徒她只能在測試後從錯誤中學習正確的時機，好在其他人比歐多西亞還更摸不著頭緒，所以歐多西亞就算有錯誤也不會受到質疑。）

不過商人此前因為病痛已經滯留貝加蒙許久，所以他趕著要先後前往亞歷山卓城及希臘，商人最後又額外給付大筆錢財歐多西亞才心不甘情不願的讓他帶走愛徒，而歐多西亞當時可說是顯著誇大了瑟拉塔的醫術，她對商人聲稱自己之所以允諾這項要求，除了希望病患能受到無微不至的照顧，更是因為愛徒的技術已經相當純熟（這明顯不是真的），應該過不久就會學成離去。

但至少還是有件千真萬確的事——如果瑟拉塔認為來貝加蒙前的學習內容已非常嚴峻，那麼接下來十天的訓練絕對會讓她生不如死，因為歐多西亞發瘋似的想將累積數十年的草藥知識一次全傳授給頭昏腦脹的瑟拉塔。學習案例：假設商人準備開啟一場漫長的海上貿易之旅，此時他本人或隨從若出現暈船症狀該如何治療？案例解析：交替服用印度的生姜及薄荷茶，生薑可以抑制噁心感進而防止嘔吐；薄荷茶則能夠舒緩腸胃不適，而且倘若病患仍感到噁心作嘔，肚子裡有東西可以吐感覺總是舒坦一些，延伸案例：又倘若商人因為飲食過於油膩而消化不良，該當何解？解析：以菊芋藥劑治療，類似的實例演練一個接著一個的拋向瑟拉塔。

瑟拉塔學藝不精的醫術至今還沒受到任何重大挑戰，不過她對於世界的了解倒是不斷更新，孩提時期的瑟拉塔眼光僅止於故鄉色雷斯那座位處河畔的小村落，也認為地平線上的山巒就是世界盡頭，後來瑟拉塔到了雅典，她才發現當地的人口之多簡直超乎想像；而哈利卡納索斯更是再度刷新瑟拉塔的認知，由於沒有人會費時將地理知識傳授給不識字的女奴，所以當瑟拉塔發現居然還有一個與雅典大小相仿的城市時大受衝擊。不過瑟拉塔與騾車商隊同行的經驗雖然大大拓展她的眼界，但在見到亞歷山卓城時仍是瞠目結舌。

薩基翁感到非常自豪，因為他向瑟拉塔介紹自己家鄉的風景名勝時，這個目瞪口呆的色雷斯女孩都會流露出不可置信的眼神。商人還給了瑟拉塔一筆為數可觀的現金，供她在亞歷山卓的市集購買備用藥草，而市集中藥草龐大的數量和繁多的種類也讓瑟拉塔驚嘆不已，她甚至還能夠補充自己的青蒿庫存，不過這個賣家非常識貨，因此瑟拉塔買下藥材的價格相當高昂。

目前身處伊利斯的瑟拉塔發現她的所見所聞居然超過一般的希臘人，而她也運用自己漸漸發展出的人際手腕說服商人的一位帳房教她閱讀，雖然現在的進展不大，但瑟拉

奧林匹克狂熱

每個希臘城鎮或村落都有屬於自己的節慶，無論是要迎接新年、慶祝採收季結束、歡度重要的年度紀念日，抑或是懷念本地偉人或主要神祇的事跡，節慶都是人們得以在沉悶艱辛的農忙之餘獲得喘息及社交應酬的日子。而有些節慶經過幾個世紀漸漸成為盛事，不僅當地人會參加，更會有遠方的遊客千里迢迢的前來共襄盛舉，平民百姓可以見識到世界頂尖運動員及音樂家的風采，王公貴族也有機會聚會討論貿易或聯姻等關涉彼此共同利益的話題。伊利斯和阿卡迪亞州的居民但凡在收成後有些閒暇都會前來共同分享節慶的喜悅，且每個城市也都會有一大票支持者前來為他們最喜歡的選手加油。

塔已經能夠憑記憶背出字母表，而且她往往只要逐個按字母發音便能弄清整個單字的意思。瑟拉塔最近很少見到商人薩基翁，因為她的病患此時正忙的不可開交，薩基翁除了必須將手上的黃金象牙雕像送往附近的神殿供人設立，還得費心替自己為了奧運帶來亞歷山卓的存貨尋找通路。

奧運會並不如大眾所想只是一場運動盛事而已，整個地中海地區的貴族和政治家也都會出席各項賽事，且他們彼此間很可能會開啟一場「靜默外交」，討論軍事或是其他方面的結盟事宜，而世界各地的商人當然也會齊聚奧運會，向那些身份顯赫又眼光不凡的買家兜售自己的商品。

瑟拉塔聽見一群身穿淺色斗篷的異邦人走出酒館時說著色雷斯語，她雖然開心但也並不感到意外，因為瑟拉塔深知奧運將會吸引世界各地的人們來到伊利斯，她推定這群色雷斯人來自馬其頓的邊境城鎮阿康提斯馬，他們帶著精緻的黃金胸針、杯子和盤子來到南方，並將貨物賣給那些想為晚宴增添一絲異國情調的顧客，而瑟拉塔也在他們的貨物中發現一個金製野馬小雕像，幾乎與她脖子上的圖案完全吻合，瑟拉塔簡直樂壞了，因為她的刺青造型終於不是遭到鄙視，而是引起人們的尊敬和欽佩，這可是十幾年來頭一遭。

雖然這群色雷斯人來自薩特萊部落，而瑟拉塔則屬於埃多尼亞部落，但瑟拉塔不僅是色雷斯的同鄉，而且還具有基礎的醫療知識，剛好瑟拉塔也發現群體中有個人正受皮疹之苦，只要使用蘆薈和燕麥粉的混合物就能輕鬆治療，所以大家很快便接納瑟拉塔。瑟拉塔也一直小心翼翼地避免提及曾在雅典遭奴役一事，她只是告訴同胞自己的母親先前在造訪希臘時不幸去世，而她在那之後便受雇擔任草藥師至今。

瑟拉塔決定在奧運會結束後跟著這群新夥伴回到家鄉色雷斯，所以她的當務之急是要讓薩基翁的僕從學會製作青蒿藥劑的方法。

商賈

青蒿雖然別稱甜艾草但味道實際上卻是極苦，不過薩基翁在定期飲用青蒿藥劑後不僅精神為之一振，健康狀況也獲得大幅改善，那些每週至少發作一次的痛苦症狀不再出現，他的食欲也在慢慢恢復，比起一個月前幾乎無法下床的虛弱病況，薩基翁的體力已漸漸提升。

藉著病情好轉薩基翁得以從貝加蒙穿越愛琴海來到亞歷山卓城，隨後再前往伊利斯將塞拉皮斯神像的材料交給一位脾氣暴躁的建築師，而這位建築師早在主要建材到貨前就開始建造雕像，可說是有先見之明。

至此薩基翁便完成了埃及政府交辦的任務，可以心無旁騖的繼續尋找更多賺取財富的機緣。薩基翁在商場上一直是個投機者，他身處埃及之際眼見莎草紙製造商因存量過多而低價出售紙張，便趁機買下好幾百張莎草紙囤貨居奇，此外薩基翁手上尚有一些來自貝加蒙的書寫紙料可供販售，也就是彈性和韌性都勝過莎草紙的「貝加蒙紙」。尼羅河沿岸幾乎是紙莎草唯一的生長地點，而各地謄錄人員不僅平時有紀錄工作（儘管眾所周知敘拉古奧提伽島的噴泉中央就有一大叢紙莎草），有時甚至可能需要製作各種謄錄事項的總紀錄，因此莎草紙往往供不應求，如伊利斯的官員在奧運賽事期間便有堆積如山的文書需要處理，所以才買下薩基翁將近一半的莎草紙庫存。

其實從參賽者年齡這種貌似單純的檢錄事項就能看出端倪。如果一個毛頭小夥報名參加成年男子或青年組別的賽事，主辦單位當然能夠一眼區辨年齡的不同，但是若想判斷運動員宣稱的年齡是否真實卻是個難題。許多希臘人對自己真實年齡的概念非常模糊，即便想開誠佈公都說不清楚，畢竟日常生活已足夠繁冗，年齡這種事實在無關緊要。

不過有些城邦基於兵役及公民身份門檻等等理由會詳實紀錄居民的年齡，雅典和斯巴達尤其如此，然而這兩個城邦縱有將居民的年齡一一記載，彼此間的曆年制度和新年的起算點也完全不同，更不要論還有近百座城邦及小國也都有自己的曆法，他們來到伊利斯參賽時，全部都得根據主辦方的官方曆法調節出正確年齡才行。奧運官方在換算後會將參賽者的姓名年齡製表公布，以便發生爭議時能至少能有所依據。

而主辦奧運賽事的伊利斯也有無數事項需要列冊管理，舉凡受聘的勤務人員、負責掘井補充河水水源的工人（賽事期間會有幾千人在河床邊沐浴如廁，河水很快便會無法飲用）、乃至計時人員及裁判助理名冊、以及支付膳食廠商的金流明細，所有的支出和行政細項都得鉅細靡遺的做成紀錄。畢竟伊利斯人對於奧運的主辦權可謂寸步不讓，所以那怕是最微小的錯誤都不能容許。

通常薩基翁若發現有幾千人將齊聚一地，定會想辦法從中大撈一筆，但他深知奧運會當地的商人早在幾個世紀前就已將市場瓜分乾淨，所以連試都懶得去試。幾個星期以來許多阿卡迪亞內陸的牛羊都被集中至伊利斯，並在鄰近農場的穀倉中等待最後的處置。而供大眾食用的牲口既已匯聚一地，伊利斯也開始囤積並風乾許多烹飪用的木材，準備隨時裝成捆狀出售。

第一批攤位如雨後春筍般在奧運場館外出現，設攤的地點是由伊利斯某位精打細算的農夫預先選定租用，且這位農夫也將租下大片露營用地供數百頂帳篷搭建成為一個小村落，而其中最好的幾頂帳篷將保留給王公貴族或是如薩基翁這樣富商使用。場館旁的攤位應有盡有，舉凡小吃、俗氣的紀念品、乃至占卜師、草藥師、或是各種專科的醫生診療服務都能找到，哲人會藉機向大眾傳述自身思想，而音樂家則偶爾會免費演奏小夜曲希望能招徠更多顧客付費欣賞。順道一提，薩基翁有聽說場館那邊會有體育活動，但他對那些活動興致缺缺。

薩基翁真正在乎的是那些富人和商賈同道的華麗帳篷，奧運在薩基翁眼中是場貿易大會，他可以在此地與其他商人會面，並在了解何種貨物供給充足後賣往需求量較高的地區套利。舉例來說，馬其頓國王安提柯與埃及國王托勒密水火不容，兩個國王的勢力此際正在基克拉迪群島相互角力，而在群島地形的戰事中海軍力量就是一切，然而埃及的林地少的可憐，所以若有任何商賈願意提供來自黑海沿岸茂密林區的木材供船舶建造，埃及政府定會不吝給予豐厚報酬。正因如此，塞基翁但凡遇到任何來自本都（Pontus）的木材商人無不盛情款待。

不過希臘以西地區目前是貿易活動的重災區，因為羅馬和迦太基間曠日持久的戰爭不僅壓垮義大利的經濟，黎凡特與迦太基間的貿易活動也遭受沉痛打擊。過去曾經有段時間，商人只需要將奢侈品自遠東地區運往西西里島那些富可敵國的城市（敘拉古的財力尤其雄厚），便能從中賺取一筆非常可觀的利潤。然而如今的商人但凡有些理智就不可能將貨物運至科西拉（科孚島）以西地區，因為商船即便能僥倖通過海盜橫行的亞得里亞海，貨物也很可能被羅馬或迦太基官方當作「違禁品」沒收後自行出售，而兩國的海軍目前也需才孔亟，所以船員也很可能就此被迫從軍。

薩基翁想在尚有餘力時抽空前往奧林匹亞的聖地，凝視著宏偉神殿中世界七大奇觀之一的宙斯雕像，不過一般人想進到神殿內部可說是困難重重，畢竟偉大的宙斯本人可能還有奧運會要參加，怎會希望絡繹不絕的遊客沒事就來自家房舍參觀呢？不過單單是神殿外部就已經相當值得一看，因為宙斯神殿的規模相當驚人（七十×三十公尺，約合兩百三十×一百英尺），且神殿外部的所有雕塑都出自近兩個世紀以來各大雕塑名家之手。

宙斯神殿附近有座天后希拉神殿，當中由帕羅斯大理石雕塑的一座荷米斯與襁褓中的戴歐尼修斯雕像，就是雕塑巨子普拉克希特利斯（Praxiteles）的曠世傑作。薩基翁即將面臨長達一週的密集交易及討價還價，他決定在那之前應該先去參觀希拉神殿中那座雕像，畢竟他即將頻繁與他人交易，也很可能遭遇許多盜贓之事，因此想辦法先獲得掌管商業活動及偷盜行為的神祇青睞可說是有好沒壞。

第11章

八月

爭

ΠΑΝΑΜΟΣ ΑΓΩΝ

短跑選手

西米洛斯聽到遠處有個傳令官大聲地宣喊著公告事項。此公告的性質不是重點，關鍵的是他宣布的方式。因為這是奧林匹克運動會的開幕式傳令官和號手的比賽。之所以這場比賽是奧運會上的第一場比賽，就是因為結果將決定誰將獲得宣布其他賽事項目時間表以及贏家的殊榮。

雖然傳令官和號手的比賽是開幕式，但運動會可以說在三天前就已經開始了，當時運動員、裁判、他們的家臣、記錄員和眾多攀附權貴者都聚集在埃利斯，開始了古代距離最長的遊行之一——整整步行一百八十斯塔德（三十二公里／二十英里）到奧林匹亞的聖地。因為沒必要讓任何人於到達時刻精疲力竭，遊行便緩緩進行著。西米洛斯相當享受這兩天的漫步，大夥也沿途佇留於各個小村莊。當他們到達奧林匹亞時，那裡已聚集了成千上萬的觀眾，歡迎它們的歡呼聲震耳欲聾。

另一方面來說，儘管今天的開幕式有點乏味，它仍有其必要性。在宙斯神殿的轄區內的野豬獻祭為這一天開啟了序幕。然後，運動員們排成長隊，這樣每個人都可以對著犧牲的祭品莊重嚴肅地宣誓自己已經完成了那十個月的必要訓練，而且沒有犯下任何玷汙儀式、會讓選手被取消參加資格的行為（如謀殺或違背誓言等）。

接下來是令人緊張的抽籤環節了，上天掌控了未來四天的賽事發展。這時，抽籤用的陶甕被拿了出來，選手能依此得知賽事的進行方式。每個參與摔跤和拳擊選手都得抽出一片陶器碎片。兩片碎片上寫著一對相同的字母，參賽者從甕中逐一抽籤，並根據配對於開局階段進行比賽。當兩個厲害、有能力奪冠的選手該相互對決時，人們會發出驚呼；當一個看起來較為虛弱的小伙子將和一個體重和年齡都是他兩倍、身經百戰的老將對決時，人們會發出同情的低語。

另一個陶甕也被拿了出來，上頭有一個短跑選手全速衝刺的古老圖案。看到這一幕，人群屏氣凝神，各各伸長了脖子，想看哪個短跑健將會在這個最富盛名的奧運項目中獲得哪條跑道。西米洛斯為公認的熱門選手、埃及托勒密的短跑冠軍；他是最後抽籤的決賽選手之一。

上天給了西米洛斯一條內跑道。這個結果代表他需要與他的教練討論一下戰略。抽到的跑道只代表起跑位置。隨著比賽的進行，短跑選手間無可避免地一定會出現推推擠擠的情況。避免這種情況的最好辦法就是早早將對手甩在後頭並保持相對距離。一離開，西米洛斯就和他的教練一起去體育場，擬定快速起跑的計劃。選手要迅速，但不能太早就超越起跑線。任何在該起跑前偷跑的人都會受到裁判助理的鞭笞處罰。偷跑並不會被取消資格，但才剛被鞭子抽打過的小腿肌在短時間內的表現往往不會太過理想。

短跑比賽於兩天後舉行，是整場運動會的高潮。令人慶幸的是西米洛斯還有一段時間可以練習。糟糕的是，足夠的時間也使他有餘裕胡思亂想、神經緊繃。儘管外面慶祝活動鑼鼓喧闐，但他還是得試圖平息自己越來越忐忑的情緒，希望能夠一夜好眠。

愛記仇的西米洛斯想看看幾個月前在埃爾米奧尼運動會上擊敗他的那個年輕人是否

奧運會賽程

第一天：開幕式。選手們在議會大廈的宙斯雕像前進行奧運的宣誓典禮，並向他們的神靈獻祭。先前傳令官和號手的比賽決定了誰將宣布賽事和勝者。

第二天：選手們從神聖的樹林開始遊行，觀眾們則坐下來觀看馬術比賽。隨後的賽事便是是五項全能（擲鐵餅、跳遠、標槍、跑步和摔角）。

第三天：向宙斯和珀羅普斯（Pelops）獻祭；珀羅普斯是與此運動賽事有關的傳奇英雄之一。緊接著是男性的比賽，以及隨後舉辦的許多私人聚會。

第四天：雙場地跑比賽、長跑比賽、武裝競走和高潮迭起的衝刺賽。隨後是拳擊、摔跤和潘克拉辛搏擊等「格鬥型賽事」。

第五天：勝利者手臂上綁著絲帶，拿著棕櫚葉，在宙斯神殿前遊行。他們將被授予以金鐮刀從宙斯的聖林割下的月桂花環。最終的活動，則是盛宴及狂歡。

也在他的競爭對手之列。令人傷心的是，那年輕又傑出的作弊仔不在那。西米洛斯的教練告訴他，埃利斯的裁判們認為那年輕人的表現不足以達到奧運水準。儘管如此，西米洛斯仍希望他的前對手在觀眾席中某處，想讓他見識見識短跑比賽該怎麼跑才正確且守紀。

農民

白楊木是個好東西。這種木材灰綠夾雜的紋理雖然讓它無法作為精緻家具的原料，不過木材本身筆直又沒有結節的特性，很適合拿來當作柵欄杆還有木板、支撐馬廄的屋頂的柱子、運送貨物用的箱子以及抽打行為欠佳奧林匹克觀光客的棍棒。白楊木是一種又輕、紋理又細軟的木材，這種材質的棍棒打出來的傷勢，會比像是橄欖樹枝等較重的木材還要小，不過依舊會讓人「印象深刻」（真的會讓人留下記號或疤痕的物理「印象」）。每隔四年，伊菲塔農場上的工人們就有機會展現他們非常專業的抽打技巧。

首先，他們得先解決非法侵占者的問題。伊菲塔已經在沿河的空地上規劃了出租空間，不可思議的是，仍有許多參加奧林匹克比賽的人們覺得自己僅是來到此處就可以隨意佔地為王。當那些考慮周全且提早租用帳篷用的人們發現一群自以為是的陌生人佔用了他們露營地，可想而知會有多生氣。幸運的是，還有什麼比手持一肘半乾柴、滿身肌肉的農場工人更適合解釋財產法呢？

讓人想不通的是，塞拉皮斯的新神殿儼然是山丘上清晰可見的地標，怎麼還會有這麼多所謂的朝聖者在穿越伊菲塔的農場時「迷路」，最後莫名其妙的窩在雞舍裡、爬到果園裡的樹上，或者「不小心」去偷牽山羊。同理可證，對於某些人來說，總有個奇怪的想法，那就是奧林匹克比賽期間的食物應該要是免費的（其實食物真的是免費的，因為主宴會時總有許多非常慷慨的贊助商——不過主宴會只在最後一天舉辦）。因此，那些沒帶任何糧食又沒有金幣的可憐蟲往往即興發揮，把伊菲塔的農場與牲口當自助餐用。

這些人力其實蠻實用的，因為如果沒有通往河道的排水溝，其中一塊上游的土地將會變得泥濘不堪。目前為止，已經有一隊十五人的業餘勞工，以一日三頓正餐的價格來挖排水溝，伊菲塔還承諾他們不會跟家鄉當局提起他們因竊盜被人贓俱獲的事（在希臘，名譽非常重要）。距離正式比賽還有兩天，在此之前，伊菲塔的工人與看門狗很有把握，至少還有半打志工會加入這些「志願者」的工作小隊。

那些口袋裡還有幾個錢的飢餓人們只需要跋涉到營地的邊緣，就能用有點不合理的價格飽食一頓美味的餐點。在奧林匹克臨時村裡，許多地方都會提供各式各樣口味的美食，不過只有伊菲塔的攤位才有這樣的優勢，那就是從庫存充足且設備齊全的廚房提供新鮮餐點。

天還沒亮，早起的人們就能享用一頓新鮮烘焙的大麥麵包快餐，切成方便沾葡萄酒的塊狀，這也是受到大部分希臘人熱愛的早餐。那些追求更罪惡美食的人們可能會喜歡用蜂蜜與酸奶油製成的小麥粉煎餅，隨著個人口味加上更多的蜂蜜或山羊奶起司。配上大麥粥、稀釋的羊奶優格或從井裡取出、仍然冰涼的飲用水（這很重要，因為只有腦袋壞的不輕的人才會喝河水——河裡通常匯集了來自數千個膀胱奔湧而出的排泄物）。

中午供應的餐點主要以快餐為主，不僅是因為一天中的這個時候，人們需要在各個活動中趕場，更重要的是隊伍過長將會使顧客失去興趣。因此水煮蛋、無花果（新鮮或乾燥）、蘋果（同上）、鹹魚（以高價進口，再賣出以獲取更高的利潤），當然也少不了必備的新鮮烘焙麵包與橄欖，這些商品往往在廚房裡的工人們接力捕貨的同時，以飛快的速度從貨架上消失。

在一天的尾聲，大部分參加慶典的人們都會選擇放鬆一下，自行動手烹飪，所以整個下午攤位都在忙著賣出芝麻葉、胡蘿蔔、小黃瓜甚至是鷹嘴豆——雖然後者必須要以批發價向附近農家未受感染的田地購買。同樣熱銷的還有切好的羔羊肉、羊肉、牛肉與鹿肉，可以滿足各種口味與預算的需求，有些甚至已經在鐵製烤架上串好了（付點押金就能把烤架一起借走），方便放在明火上烤。

通常暴露在外面那一半的肉，都會吸引許多蒼蠅，不過在奧林匹克競賽的期間，蒼蠅不知為何都莫名消失不見了。耳根子比較軟的自然哲學家認為，即使是蒼蠅也有義務要在奧林匹克進行期間遵守休戰協議，於是在比賽一開始便蜂擁而至河邊，並在競賽過程中時滯留於此地。不過對於務實派的伊菲塔而言，數百座煮飯用的火堆產生的嗆鼻濃煙更有可能是蒼蠅消失的原因。不過只要牠們能夠消失，伊菲塔才懶得管蒼蠅到底有什麼動機。

黃昏之後就是派對時間，在臨時設立的帳篷區，不少惡行也正悄悄展開，就像運動員與音樂家一樣，小偷與歹徒對奧運會也是情有獨鍾。整體而言，帶著鞭子的法官助理會組成巡邏隊，維持大部分的秩序，不過他們的轄區也僅止於伊菲塔租來的田的邊界。偶爾，幾群喝得有點茫的年輕人，會決定在果園比較開闊的位置，或者近期剛採收的大麥田中慶祝，當他們被告知已經闖入私人土地時，也會變得比平常更加好鬥。不過，比起已經世代居住於此地的伊菲塔家族，許多年輕人都是第一次參加奧運會。想要讓最好鬥的小混混清醒懺悔，意外的只需要一隊留著口水的農場獵犬就能搞定，而剩下那些決定把事情搞大的傢伙，在身上的傷口敷藥包紮後，結局就是被派去挖水溝。

對於農場上的人們來說，無論場內的賽事如何，奧運會整體都稱得上是有個不錯的開始。伊菲塔對於新媳婦的表現尤其滿意——為了這次賽事，還特別把她帶來伊利斯島（在收穫與競賽期間，所有能用的人力都必須派上用場）。儘管大部分的時候，女孩總是汗流浹背，分不清東西南北，不過她依然像個士兵一樣努力工作；與女孩在雅典備受保護的成長環境相比，她竟出人意料的在這個混亂中自成秩序的環境過得怡然自得。

使節

一般而言，正式的外交活動都會在公眾場所進行。像珀色烏斯這樣資深的外使來到亞歷山卓，希臘化世界的各國代表皆高度關注，亟欲瞭解誰和誰在甚麼時間碰了面。秘密協商在初期都會受到良好保密，但到了一定階段，就會有某位具有足夠位份的人物代表國王發言，這時所有人就知道了事情的始末。因此珀色烏斯和塞琉古帝國的安條哥以及埃及的托勒密國王的會面備受關注，各國代表也會向自家國王彙報高階外交會議中究竟發生了什麼事情。

而奧林匹克運動會也在此時派上用場——有些高階官員和政府職員純粹是出於對運動的熱愛而前來參加運動會，但也有部分的人是為了背後的縝密會議而來，這樣的會議無法和禮貌性的社交活動區隔開來，因此不會留在外交紀錄上。這樣的機會為數不多，但一旦發生時，各方無不努力把握。

舉伯羅奔尼撒半島北方的西庫昂為例，這座城鎮雖小卻有著重要戰略地位。西庫昂統治當局近來劇烈變化，因年輕流亡者阿拉托斯策畫的武裝政變，政府從專制統治轉向民主。這對馬其頓來說頗為頭痛，因為安提柯國王先前提供獨裁政權金錢和外交協助，因此可以說西庫昂的新政府是反暴政、反馬其頓的。

馬其頓對希臘的統治因為希臘兩大城邦聯盟壯大，早已岌岌可危。位於馬其頓西南隅的埃托利亞聯盟，由當地幾大城市組成，這裡的居民天性喜愛強取豪奪。而位於伯羅奔尼撒半島北部的新勢力也在此時崛起，幾個當地城市組成聯盟，帶有明顯的反馬其頓色彩。西庫昂一直有興趣加入這個亞該亞同盟，而珀色烏斯則決定要盡其所能阻止此事發生。

在這樣的情況下，若安提柯國王的外使被人看見和近期推翻這些領導者的相關人士會談，將會損害馬其頓在其他希臘獨裁者之間的聲望；同理，若西庫昂的新民主政府領導人，被發現和先前資助甫被廢黜的暴君政權的馬其頓有所接觸，名聲必定受損。但如果西庫昂政府的領導人是在奧運會和這位來自馬其頓的資深外使相遇呢？例如，外使資助了某場音樂競賽，那這樣的會面是否有傷大雅？

這件事的確發生了，但音樂競賽和後續的磋商皆不盡理想，珀色烏斯感到憤恨不平，不確定是否應該該繼續待在奧林匹亞。他犯下的第一個錯誤是讓斯巴達人擔任音樂競賽的裁判，在當時看起來這個計畫並不差，因為馬其頓和斯巴達已經交惡近一世紀，珀色烏斯認為在這樣的非正式場合風險不大，可以向斯巴達釋出外交善意。

但問題在於，在音樂競賽的第一場賽事，亦即里拉琴伴唱中，有一位選手毫無疑問拔得頭籌，獲勝的女選手作曲美妙、演奏和演唱實力更是無庸置疑。然而，這名斯巴達裁判用了一些似是而非的理由判定她失格，而第一項理由即是該名參賽者是女性——高度保守的斯巴達人，對於女性參加這樣的競賽有很深的成見；第二項理由則是這名參賽者來自無足輕重的小城小鎮。

這名裁判將獎項頒發給一位平庸男性，因為他來自克里特島上一座和斯巴達關係緊密的城市。這就是斯巴達宣揚的誠實正直啊，珀色烏斯苦笑地回想，雖然瞭解斯巴達過去百年來政治發展的人，都不會對這個國家的人民做出明顯不符他們大力宣傳的行為美德感到意外。

對於和西庫昂民主政府的年輕領袖阿拉托斯的會面，珀色烏斯原先滿懷期望，因為他相信這對他和阿拉托斯來說，彼此互相有利可圖。其實，阿拉托斯並不是唯一一個受到西庫昂獨裁統治迫害而不得不逃離家園的人，暴政遭到推翻後，數以百計的逃亡者湧入城市，急著取回原本屬於他們的房舍和土地。

問題在於，這些房舍和土地早已為他人所有，而這些人不盡然都是支持前政府的諂媚人士。有些人透過合法手段老老實實地購入這些財產，因此當然不認為就因為政權轉變，原先合法交易行為便該就此不算數。這些人具有社會影響力，而若阿拉托斯想要鞏固政權，就必須排解返鄉流亡人士和產權持有人的紛爭，提出雙方皆能接受的滿意解決方案。馬其頓在這個節骨眼上能提供給阿拉托斯銀幣，將堅持反家的流亡者的房舍購回，或是提供現金給那些願意接受金錢補償其損失的流亡者。珀色烏斯準備了二十他連得銀幣，可以提供給阿拉托斯，但作為交換，他希望西庫昂書面承諾不會加入伯羅奔尼撒半島北方的亞該亞同盟。

西庫昂新政府尚未站穩腳跟，加上返鄉流亡者和產權持有人之間的大規模衝突無可避免，珀色烏斯以為年輕的阿拉托斯必定會任其擺佈。阿拉托斯雖然喜歡挑動政治爭端卻也非常實際，他瞭解沒有馬其頓的金援，西庫昂民主政府在根基尚未鞏固之前可能就會垮台。

這場會面一開始進展順利，雙方都同意拉里琴伴唱競賽中的女參賽者被蠻橫奪走本該屬於她的獎項。阿拉托斯和珀色烏斯享受了幾分鐘的閒暇時光，和彼此交換斯巴達人背信忘義的種種事蹟，之後才開始進入正題。

這時，阿拉托斯直截了當地告訴珀色烏斯，馬其頓不可能阻止西庫昂加入亞該亞同盟。這時的阿拉托斯剛成功推翻獨裁政權，他深信若西庫昂加入同盟，他必定可以立刻接掌同盟領袖。不過，他並無意和馬其頓產生武力衝突（或許時機尚未成熟），若珀色烏斯願意立刻奉上他所需的金援，他願意採取敵對的中立態度。

珀色烏斯憤怒回絕，並指出馬其頓除了指望希庫人可能心懷善意外，在這場交易中幾乎毫無所得——甚至考量西庫昂人對獨裁政權和支持該政權的馬其頓的強烈厭惡，連這樣的善意是否可得都令人滋生疑竇。珀色烏斯態度堅定地說，若這是阿拉托斯意欲圖謀的，那就祝他能順利從別處籌得二十他連得銀幣。阿拉托斯這時沾沾自喜地說道，他其實早已取得不僅二十他連得，而是二十五他連得的銀幣，而這些銀幣現在正用於解決西庫昂的內部紛爭。

阿拉托斯究竟從哪裡得到這筆意外之財，其實完全毋須多想——必定是托勒密從中作梗。多年的歷練讓珀色烏斯得以在挫敗中仍保持平靜、難以捉摸的神情，雖然他心中早已將這位多事的法老咒罵無數次，詛咒他墜入塔耳塔羅斯地獄的最深處。珀色烏斯曾在亞歷山卓見過托勒密，當時托勒密向他保證埃及人不會再干涉希臘事務。埃及人真是愛說謊。

和阿拉托斯的會面以失敗告終，音樂競賽也弄了個尷尬，珀色烏斯沮喪地坐在營帳內，他認為在接下來奧運會中，他能做的事情就只有在賽事中謀得最大利益。明天就是最高潮的短跑賽事，既然其他的正事都已處理完畢，不如就找個前排的位子觀賽，看看比賽結果究竟如何。

短跑選手

這一刻終於到來了。西米洛斯的一生中，絕大部分時間都是為了這一刻而訓練著。他發現這種感覺與超速訓練相當類似。當運動員在陡峭的斜坡上快速奔跑時，他的大腦已習慣四肢如此疾速的移動著。西米洛斯心裡有一部分迫不及待地想快快到跑道就定位，盡快將過去幾天在他體內累積著的緊張能量轉化為疾馳的速度；但他的另一部分卻根本不想上場。這就是他人生中的高潮了。當它結束後，無論結果是好是壞，他還有什麼目標能繼續追尋呢？

賽前，西米洛斯在體操館裡，在教練擔憂而專注的目光下輕輕地熱身著。觀眾們目不轉睛地盯著運動員們，從用來隔離觀眾與選手們的繩索後面大聲呼喊著一些建議或鼓勵的話語。然後，號角聲響起，召集觀眾與選手們移駕至運動會的主賽事場地。

事實上，在將近一個世紀的時間裡，這不僅是主要的賽事，也是唯一的賽事。據說，這個短跑競賽場地的距離是依強大的海克力斯能一口氣跑完的距離所制訂的。此後又增加了其他比賽項目，所以現在的奧林匹克體育場還設有鐵餅、跳遠和五項全能等項目，但場地本身仍是為了短跑比賽而量身打造的。

他的教練在滿是雕像的大道起點處與西米洛斯分頭行動，短跑選手現在都和競爭者們一起走在這條大道上。所有的人都赤身裸體，皮膚油亮，漾著健康的光芒。他們經過的各個雕像都是一記警告，因為每一尊都是以作弊或其他方式違反奧林匹克規則的選手所繳罰款所得建造而成的。

現在選手們來到了被稱為「隱藏門」的入口，上有屋頂屏蔽，穿過這個入口便能到達體育場。這條跑道已經使用了一個多世紀，取代了更西邊的古老跑道，因為西邊那條已無法容納數以萬計、想看比賽的觀眾。除了運動會主席和裁判的座位外，體育場沒有其他座位，所以其他人都站在比跑道高約三公尺（十英尺）的平緩土堤上，總共約有四萬名觀眾。儘管禁止女性觀眾出席，人群中偶爾會有女性，因為未婚女性可以觀看短跑比賽。而這些女性中最為重要的人物則是女祭司狄蜜特夏曼（Demeter Chamyne），她坐在裁判對面的白色大理石寶座上。

西米洛斯幾乎沒有留意這些細節，因為他和其他選手們正打算前往「恩狄米翁之墓（tomb of Endymion）」。在那裡，有一排大理石板，石板上有一雙凹陷的槽。伊斯米安（Ismithian）或提洛運動會那種雕梁畫棟的起跑門，在傳統的奧運會上是看不到的。在這裡，人們立於線後，腳趾放在第一條大理石溝中，深知在比賽開始前越過第二條溝的人將受到嚴厲的懲罰。在賽道的盡頭，也就是一百九十二公尺（六百英尺）處，也設著一組類似的大理石凹槽——第一個越過那些凹槽的人便是贏家。

又是一聲號令，西米洛斯走到了靠近中間的位置。他的左邊有七名選手，右邊有十二名選手。他全神貫注地望著賽道。賽道上的黏土被磨得非常平整，上面有一層薄薄的沙子提供摩擦力。因為專注於比賽上，西米洛斯只有隱約注意到人山人海的觀眾那震耳欲聾的聲響。當人群倏地陷入沉默，所有的目光都轉向總裁判時，他才真正意識到剛才的人聲鼎沸。法官向傳令官點了點頭，後者深吸了一口氣。「啊……跑！」

隨著「跑」聲落下，西米洛斯便賣命地跑著，事實上也正是為了自己的未來而狂奔。他前方毫無人影，知道自己起跑得很成功。現在，他集中精力以最快的速度移動雙腿，目不轉睛地盯著遠方的終點線。然而，在他往前推進的同時，他用餘光瞥見了一個蒼白的選手，此景逼得西米洛斯跑得更快。但是，無論如何，他都無法超越與他比肩接踵的選手。那選手勢不可擋地超前了。

比賽已經過半，西米洛斯仍然落後，儘管他知道自己已使出渾身解數。對手的背影再次進入他的視線之中，他深知這場比賽只屬於他們兩人了。問題是，這場比賽沒有亞軍，非勝即負。正是失敗的恥辱鞭策著西米洛斯，使自己跑得更快，發揮深藏於體內的潛能。

追上了，就快要追平了。他的對手一定是被他的速度嚇著了，在終點線前的最後幾尺路雙腿開始不聽使喚、喘不過氣。兩人幾乎並著肩地同時衝過終點線。但西米洛斯知道，當他最後近乎拼了命地撲向終點時，他略微領先。喘息時，西米洛斯看到了那位選手痛苦的面色，他的對手也知孰勝孰負。

其他選手逐漸完賽，有些人擠在西米洛斯身邊向他表示祝賀，有些人則不屑一顧地獨自站在那裡等待裁判的裁決。雙手仍撐在膝蓋上的西米洛斯將頭向後轉，望向繩索後的人群，看見他的教練欣喜若狂地喊叫狂奔著。在傳令官宣布勝者的名字，成千上萬的觀眾也為他歡呼前，他已開始慢慢地意識到他真的獲得了勝利。他贏了，贏得了奧林匹亞主場的短跑比賽。接下來的四年都是他的時代，奧運短跑冠軍——拿波里的西米洛斯。

第12章

九月

後

ΑΠΕΛΛΑΙΟΣ ΕΠΙΛΟΓΟΣ

里拉琴樂手

眾神的恩澤與剝奪全在一念之間，此時卡莉亞坐在一艘馬其頓的三列槳座戰船尾端思考人生，想著自己若沒有滂沱大雨中在神殿門廊的那次巧遇，現在生活可能大不相同。

先前身處伊利斯的卡莉亞，在結束一場私人午餐宴會上的獨唱表演後踏上歸途，雖然活動中的賓客絕大多數和她先前的所有觀眾一樣，對於她的琪塔拉琴沒有絲毫意見，但是卡莉亞此時回想起方才的活動卻感到有些憤恨，宴會中有個自以為是的斯巴達法官主張卡莉亞沒有資格繼續演奏，只因為她的琴有十條弦而非傳統里拉琴所配置的六弦，好似一個世紀以來都相當普及的十弦里拉琴一直都乏人問津一般，況且就算里拉琴的樣式會影響在宴席上表演的資格，也應該要有人在卡莉亞就定位開始演唱提及此事才對。

卡莉亞替這場活動準備了一首美妙的歌曲，她從身處貝加蒙時就一直不斷練習，這首歌的旋律具有加黎雅音樂千迴百轉的風格，開頭激揚的抑揚格韻律中也加入了一小段輕快的弗利吉安裝飾樂段，其他段落卡莉亞則模仿了她的歌曲將歌詞加上重音，不過為了賦予樂曲旋律意想不到的轉折，她還特地將開頭的高音置換成下一段的低音。最後觀眾不僅掌聲如雷，針對那位主張卡莉亞不該表演的法官仍是噓聲不斷，不過卡莉亞雖然博得滿堂彩，但是當時她也知道自己這樣的演奏家僅靠心靈的富足根本沒法填飽肚子。

隨後伊利斯猝不及防的下起大雷雨．卡莉亞只得揣著裝在皮箱中的珍貴里拉琴匆匆跑到一間神殿的門廊下躲雨，她站在一個正盯著柱子上的三角楣直看的壯碩光頭男子身旁，看來是神殿的柱頂板有些問題，又或是柱子的樣式與柱頂的搭配有誤？不論如何，一旁的卡莉亞在旁觀之餘盡量保持禮貌，同時聽著身後一個小家庭爭論不休。

家庭中的女子身上披著丈夫的斗篷，金色捲髮在面紗底下若隱若現，此刻她的丈夫正和一個矮胖的白髮老婦展開激烈爭吵，看來女子剛剛才發現自己有了身孕，她的婆婆堅持媳婦應該在家族農場度過孕期，而丈夫雖然認為妻子這段期間應該留在城市中，但他顯然講不過自己的母親。

一群人匆匆從雨中趕來，引發一場騷動，卡莉亞注意到這群人的頭頭不是別人，正是自己遭取消資格的那場活動的主辦外交官，心中不禁升起一股厭惡。這群人喝令一位從剛剛就潛伏在後的神殿管理員拿把椅子來，正當管理員急忙赴命之際，卡利亞發現那位風靡一時的精瘦年輕跑者也成為使節隨扈的一員，而跑者身旁那位極度關切他一舉一動的男子應該就是教練了。卡莉亞已記不清選手的名字，是西米科洛斯？還是凱米洛斯呢？不論如何，剛剛贏下一斯塔德短跑比賽的他臉上已經出現驚恐的神情，顯然他發現被瘋狂的粉絲日夜糾纏並不如想像那般美好。

使節椅子還沒坐穩，一頭茂密棕髮且脖子上有著野馬紋身的年輕女子便優雅地靠過來，女子指了指一個和她一起躲在門廊下的憔悴男人，儘管男人身披厚厚的斗篷，他卻仍在發抖。使節若有所思地盯著男人一會，隨後便讓出座位，他的此舉第一次吸引了卡莉亞的注意。

憑藉著少數幾年與貴族贊助人打交道的經驗，卡莉亞抑制住自己前去要求珀色烏斯為取消比賽資格道歉的衝動，然而珀色烏斯隨後以非常笨拙的方式表達歉意，雪上加霜地建議卡莉亞可以至馬其頓宮廷擔任樂師。

過了將近一分鐘，卡莉亞才意識到珀色烏斯是真的有意邀請，而非諷刺的玩笑話，珀色烏斯表達地非常含糊且不直接，以至於卡莉亞最後才了解原來對方是怕被拒絕，這可是任何樂手都願意賣掉自己的長

塞基洛斯之歌

雖然卡莉亞為虛構人物，但是希臘化時代卻真的存在她演奏的這首塞基洛斯之歌，且這首曲子也是世界上最早以樂譜形式流傳的樂曲，因此本書雖安排卡莉亞於西元前二四八年的奧運會上表演此曲，但即便放到現在也能演奏出幾乎相同的旋律。此曲出自塞基洛斯墓碑上的銘文（即便後人不確定長眠墓碑下的是否真的為塞基洛斯本人），為塞基洛斯為了向執掌樂音的謬斯女神尤特碧表達崇敬所寫，而後人則認為此曲雖然應為塞基洛斯的作品，但也不排除作者可能另有其人。

子來博得的職位，而卡莉亞最初因以為是玩笑話做出的輕蔑反應，導致使節竟慌慌張張地又翻倍了薪資，原先數目的可觀程度就已是卡莉亞做夢都沒想過的了。

實際上卡莉亞因資格不符而退賽後，珀色烏斯就一直嘗試聯繫她，直到兩人在神殿的門廊下再次偶遇，差點珀色烏斯就只能在未得這位奇才女樂手的情況下，認命離開希臘。珀色烏斯已決心要聘請卡莉亞，就如同卡莉亞已決心不會放過這一生一次的機會，因此兩人都因害怕對方掉頭就走而在談判中戰戰兢兢，絲毫沒有意識到此時要將兩人分開其實得花上九牛二虎之力。

卡莉亞看著阿索斯山雲霧繚繞，最後山那模糊的輪廓漸漸在視野中消失，她像貓一般滿足地伸了伸懶腰，隨即小聲地唱起歌來，這一曲很快將傳遍全希臘。

揮灑生命，發光發熱吧！

切勿為煩憂所擾

既生於世則於時間將你消磨殆盡前
珍惜己身短暫的生命

（塞基洛斯獻給職司音樂之謬思女神尤特碧之頌歌歌詞）

逃奴

半晌午，河道旁的山坡地上，一個女孩佇足山嶺俯瞰山谷中的村落，一切景象都和她的記憶相同——排列雜亂的房屋、木頭燃燒後穿過茅草堆的煙氣瀰漫、河邊收割後光禿禿的田地，還有如雲朵般蓬鬆的羊群。女孩站在原地，許久都不發一語，只是凝視著眼前自己長久以來稱為「家」的景象。

片刻後女孩輕聲喃喃自語，彷彿是在告訴年幼的自己這個村莊就是他們七年來朝思暮想的家鄉，地平線盡頭的山巒與記憶中的景像並無二致，不過瑟拉塔卻發現老洛斯戴爾的房子距離河邊似乎沒想像中遠，她還記得小時候都會到那附近玩耍，而洛斯戴爾的妻子總會擔心的衝出門查看瑟拉塔是否落水。

瑟拉塔只需順路走下山坡便能在一小時內抵達村落，可以想見村民屆時將簇擁著瑟拉塔問東問西，也一定會有人在認出她後喜極而泣，畢竟瑟拉塔相隔多年方復歸故鄉，眾人感到恍若隔世也算正常。

但是瑟拉塔終究不打算回到村中，徒留一陣心懷歉疚的搖頭嘆息。距離瑟拉塔離開已是年深歲久，整個村子已經物是人非，她父親的田地現在已由他人耕作，且一看便能發現老家的房屋也已經易主。雖然瑟拉塔現在下山將受到熱烈歡迎，但在那之後村民們將會陷入苦惱，因為他們不知該如何處置瑟拉塔及原先屬於她們家族的土地，此時地方耆老通常會以聯姻來解決問題，所以瑟拉塔很可能會與目前擁有地產的家族男丁結為連理。

不過這也不是主要問題所在，瑟拉塔倘若回到村落，就得被迫一輩子留在家鄉，所以她不能走下山坡。如果當年沒有離開村子，或許瑟拉塔就會在村中長大成人、結婚生子、圈養雞隻並用高地棉羊的粗羊毛編織毛毯。但是瑟拉塔早非當年的小女孩，她來到此地只是要實現自己年幼時所立的誓言，因為她若沒有心繫故鄉，很可能就撐不過雅典那些挨餓受凍的艱苦日子，瑟拉塔一直堅信自己有天定能再度站上這座山嶺，見證地處河畔的家鄉發展茁壯及地平線盡頭的山巒壯闊悠然，每每她躺在勉強作為床鋪的毛毯上啜泣時，就是這股信念給了她咬緊牙關的力量。

即便如此，瑟拉塔還是沒辦法回去，在見識過愛琴海的島嶼之城、亞歷山卓城的燈塔以及貝加蒙的市集過後，原先是瑟拉塔全世界的家鄉現在反而成了一種桎梏，更不要論薩基翁還在等瑟拉塔回去，商人打算等病情好轉就帶著瑟拉塔參訪巴比倫的金字形神塔、佩特拉的岩刻紅石牆、以及沙漠中即將前往帕邁拉的駱駝商隊。不論如何瑟拉塔已是今非昔比，不僅擺脫當年在村莊遭到綁架的陰霾，氣質也和先前雅典逃奴的瘦弱形象大不相同，現在挺立在山嶺上的年輕女子不僅已是亞歷山卓城的公民，更是一名樂於擁抱世界的年輕草藥師。

所以瑟拉塔不辭千里前來此地，對於幾年前立下的諾言的自己已經有了交代，現在她夙願已成，該是揮別過去展開生活新頁的時候。瑟拉塔不確定自己的淚水究竟是出於寬心還是懊悔，但她對於自己接下來的計畫再清楚不過，她看了村莊最後一眼後隨即轉身離去，將九歲的自己留在故鄉前的山嶺，無所畏懼的迎向自己的未來。

穿越到古希臘過一年

逃奴、新娘、運動員，八方職人討生活，親臨古奧運會前的群像日常

作者｜菲利浦・馬提札克
譯者｜金瑄桓
責任編輯｜蔡亞霖
封面設計｜萬亞雰
內文編排｜黃雅芬

發行人｜王榮文
出版發行｜遠流出版事業股份有限公司
地址｜台北市中山北路一段 11 號 13 樓
劃撥帳號｜ 0189456-1
電話｜ (02) 2571-0297
傳真｜ (02) 2571-0197

著作權顧問｜蕭雄淋律師
2023 年 1 月 1 日 初版一刷
定價｜新台幣 430 元
缺頁或破損的書，請寄回更換

ISBN ｜ 978-957-32-9914-1
遠流博識網 http://www.ylib.com **E-mail** ｜ ylib@ylib.com

A YEAR IN THE LIFE OF ANCIENT GREECE: THE REAL LIVES OF THE PEOPLE WHO LIVED THERE
by PHILIP MATYSZAK

穿越到古希臘過一年：逃奴、新娘、運動員，八方職人討生活，親臨古奧運會前的群像日常／菲利浦・馬提札克作；金瑄桓譯. -- 初版. -- 臺北市：遠流出版事業股份有限公司，2023.01
面； 公分
譯自：A year in the life of ancient Greece : the real lives of the people who lived there
ISBN 978-957-32-9914-1（平裝）
1.CST: 古希臘 2.CST: 文明史 3.CST: 文化史　740.212　111019900